Standardmerkmale des Siberian Huskys

Haarkleid
Doppelt und mittellang; schönes pelzartiges Aussehen; die Wolle ist weich und dicht.

Farbe
Alle Farben von weiß bis reinweiß.

Hinterhand
Läufe in mäßigem Abstand zueinander und parallel; Oberschenkel gut bemuskelt und kraftvoll; Knie gut gewinkelt. Sprunggelenke zeichnen sich gut ab und sind bodennah plaziert.

Rute
Gut behaart, Form einer Fuchslunte; wird meist in elegantem Bogen über dem Rücken getragen, aber nicht geringelt. Hängende Rute, wenn der Hund steht.

Pfoten
Oval, aber nicht lang; von mittlerer Größe; kompakt und gut behaart zwischen den Zehen und Ballen; Ballen dick gepolstert. Pfoten zeigen weder nach innen noch nach außen.

Siberian Husky

Stefan Pfaffenburner

Inhaltsverzeichnis

Fachliche Mitarbeit:
Gudrun Schulz

ISBN 3-933 646-30-8
bede-Bestell-Nr. PR 009

bede

84

Erziehung und Training Ihres Siberian Huskys

Sie werden über den Stellenwert der Grunderziehung Ihres Hundes informiert und verstehen die Entwicklung des jungen Hundes bis zur vollständigen Ausbildung – inklusive Gehorsamsübungen (Sitz, Bleib, Platz, etc.).

Fotonachweis

Norvia Behling
Carolina Biological Supply
Kent and Donna Dannen
Doskocil
Isabelle Francais
James Hayden-Yoav
James R. Hayden, RBP
Carol Ann Johnson
Dwight R. Kuhn
Dr. Dennis Kunkel
Mikki Pet Products
Phototake
Jean Claude Revy
Nikki Sussman
Alice van Kempen
C. James Webb

Titelbild Marcus Degen

123

Ihr alter Siberian Husky

Bemerken Sie die Zeichen des alternden Hundes an seinem Verhalten und seinem Befinden. Sprechen Sie mit Ihrem Tierarzt über altersbezogene Verhaltensregeln wie Futterumstellung und besondere Pflegevorkehrungen für Ihren Siberian Husky.

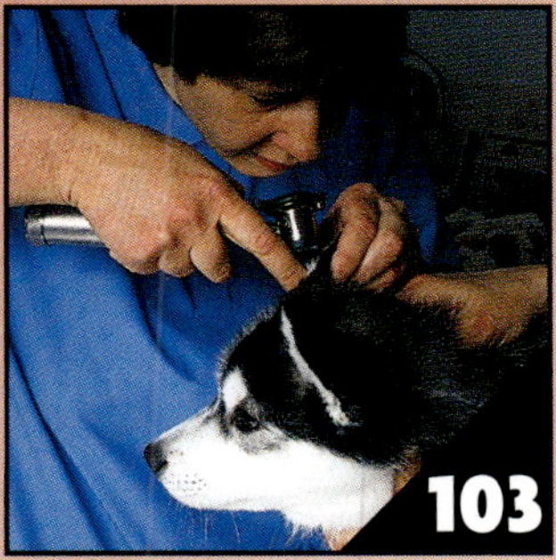

103

Gesundheitsvorsorge für Ihren Siberian Husky

Die Wahl des Tierarztes ist ein wichtiger Punkt bei der Anschaffung eines Huskys. Allgemeine Pflege und Impfplan und Einblick in gesundheitliche Probleme wie der Befall mit inneren und äußeren Parasiten werden hier erläutert.

129

Siberian Huskys auf Ausstellungen

Erleben Sie die Welt der Ausstellungshunde, die unterschiedlichen Ausstellungsarten und seien Sie dabei, wie Ihr Hund zum Champion wird. Bringen Sie Ihren Husky bis zur Zuchtzulassung.

Index 156

139

Das Verhalten von Siberian Huskys verstehen lernen

Lernen Sie gewöhnliches Hundeverhalten zu verstehen und damit umzugehen, wie Aggressionen, Knabbern, Bellen, Anspringen, Graben etc. Jedes Verhalten des Hundes hat einen Grund und diesen gilt es herauszufinden.

Herkunft und Geschichte des Siberian Husky

Entstehung und ursprüngliche Verwendung

Vor einigen tausend Jahren nutzten in Sibirien primitive, den Eskimos ähnlichen Stämme Hunde für bestimmte Aufgaben in ihrem täglichen Leben. Sie waren wichtig für das Überleben dieser Menschen. Sie waren Begleiter für die Jäger, Fährtensucher und Helfer beim Transport von Nahrung zu den Dörfern. Jeder Stamm hatte seinen eigenen Hundetyp, alle diese waren Vorläufer einer speziellen Hunderasse und alle diese nordischen Hunde waren schakalähnliche Typen, hervorgegangen aus Kreuzungen mit arkti- schen Wölfen. Durch planvolle Zucht und Bewahrung reiner Blutlinien wurde der „Wolf" aus der Zucht eliminiert. Der rein gezogene Siberian Husky von heute ist kein wilder Wolfsmischling – wie jeder Kenner dieser Rasse bestätigen wird – sondern ein schöner, fügsamer, freundlicher, wundervoller Hund für die Zucht wie für die Arbeit. Zunächst wurden die Vorfahren der Siberian Huskys zur Jagd verwendet. Später ergaben sich weitere Verwendungsmöglichkeiten. Jeder Stamm züchtete und konsolidierte seinen eigenen, speziellen Typ. Diese nordischen Hunde entwickelten sich schließlich zu den verschiedenen Rassen, die wir heute kennen: Den Alaskan Malamute, den Eskimo-Hund und den Samojeden, um nur einige zu nennen. Als ursprünglicher Züchter des Siberian Huskys gilt der Stamm der Tschuktschen. Sie bewohnten den am nächsten zu Alaska gelegenen Teil Sibiriens. Zunächst war das Klima dort nicht so rauh, aber die Witterungsbedingungen verschlechterten sich

***Seite gegenüber:** Vor einigen tausend Jahren begannen Bewohner der Schneeregionen Sibiriens Hunde zu züchten. Diese Hunde dienten als Begleiter, Bewacher und als Arbeitshunde für den Transport von Lasten.*

Die nordischen Hunde entstammten Kreuzungen mit arktischen Wölfen. Als sich spezielle Rassen entwickelten, einschließlich Siberian Huskys, wurde der Wolfsanteil schließlich eleminiert.

dieser in eine andere, günstigere Gegend umsiedelte.

Der Husky, der auch als „Siberian Chukchi" bezeichnet wurde, war mehr auf Ausdauer gezüchtet als auf Schnelligkeit und Kraft. Er wurde vor allem für den Transport leichter Ladung in gemäßigtem Tempo verwendet; für schwere Ladungen brauchte man mehrere Hunde vor dem Schlitten. In jedem Fall war es das Wichtigste, daß die Hunde die langen Strecken durchhielten und daß die Ladung unversehrt blieb.

Die Hunde mußten viel Energie besitzen. Sie sollten ihre Arbeit mit möglichst wenig Kraftaufwand bewältigen und danach noch genügend Reserven an Energie übrig haben, um ihre Körperwärme bei den niedrigen Temperaturen erhalten zu können.

Die Tschuktschen waren sehr genau in der Bewahrung der reinen Blutlinien ihrer Hunde. Es wurde nur mit den besten männ-

Wußten Sie schon?

Wolfshybrid-Hunde sind ein bedenklicher Trend aus den USA. Aus einer Kreuzung von einem Deutschen Schäfer-

hund und einem Wolf entstand beispielsweise der „Saarloos-Wolfshund". Diese Tiere sind entgegen vieler Meinungen nicht mit dem Husky vergleichbar. So hat er keine geringelte Rute und ist mit 75 cm Schulterhöhe deutlich größer als der Husky.

und der Stamm mußte in entfernteren Gebieten Nahrung suchen. Der Stamm lebte im Binnenland, Nahrung mußte aber auch aus dem Meer gefunden werden. Die Hunde wurden dabei wichtige Helfer, der Schlittenhund wurde geboren. Die Hunde begleiteten aber nicht nur die Männer des Stammes auf der langen Fahrt zum Meer, sondern transportierten auch Güter und Handelswaren zwischen den Stämmen und ebenso auch die Besitzgüter des Stammes, wenn

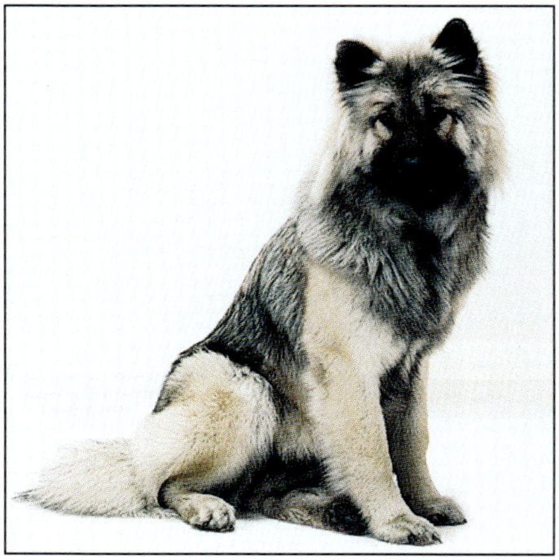

Der „Grönländer" – eine seltene arktische Zucht in den Eisregionen von Grönland – könnte einer der Stammväter des Siberian Huskys gewesen sein.

lichen Leithunden gezüchtet, die anderen Rüden wurden kastriert. Die Hunde mußten unendlich ausdauernd sein, einen hervorragenden Geruchssinn besitzen, außerdem ein dickes, wolliges Fell zum Schutz gegen die eisige Kälte und sie mußten sehr fügsam und gehorsam sein. Der heutige Siberian Husky ist bekannt als ein sehr freundlicher Hund. Sein freundliches Wesen resultiert daher, daß der Husky von jeher auf sich selbst gestellt war und selber für sein Überleben sorgen mußte. Er wurde als Nutztier bei der Arbeit verwendet. Die Hundegespanne mußten von jedem fahrbar sein und deshalb wurden nur Hunde verwendet, die problemlos, fügsam und aufgeschlossen waren.

Auch heute noch werden bei den Eskimos nur Schlittenhunde verwendet, die ein freundliches Wesen haben.

Wußten Sie schon?

Die nordischen Hunde, für die der Siberian Husky typisch ist, haben vieles im Äußeren gemeinsam: Die aufgerichteten, bepelzten Ohren, buschige Ruten, doppelt dickes Fell.

Die bekanntesten Rassen der nordischen Hunde sind Alaskan Malamute, Samojede, Finnischer Spitz, Akita und Eskimo-Hund. Sie alle verdienten sich ihren Fisch als Schlittenhunde, bei der Jagd, als Hütehunde und als Wachhunde für die Familie.

Wußten Sie schon?

Der Siberian Husky ist nicht der einzige reinrassige sibirische Hund. Auch der

Westsibirische Laika und der Ostsibirische Laika sind beim FCI (Fédération Cynologique Internationale) eingetragen. Die Zucht des Westsibirischen Laika ist zahlenmäßig die größere und bedeutendere.

Siberian Huskys in den Vereinigten Staaten

Obwohl der Siberian Husky seinen Ursprung in Sibirien hat, wird er allgemein als amerikanische Zucht angesehen, denn in Amerika wurden diese Hunde als besondere Rasse bekannter als jede andere Art arktischer Hunde.

Vor ihrem Erscheinen in den Staaten auf dem Weg über Alaska das damals noch kein U.S.-Bundesstaat war – fanden russische Forscher, die die sibirische Küste vermaßen an den Hunden Gefallen und nahmen einige davon mit sich. Noch als „Chukchis" bekannt, wurden die Hunde 1908 nach Alaska gebracht, durch einen russischen Pelzhändler namens Goosak; sie sollten an dem ersten All-Alaska Sweepstakes teilnehmen. Das Rennen ging über 408 Meilen, der Siegpreis betrug 10.000 Dollar. Goosaks Hunde, die im Vergleich zu den anderen Schlittenhunden klein waren, beeindruckten zunächst wenig. Goosak überredete den Schlittenführer Louis Thrustrup, seine Hunde zu führen und das Team wurde mit engem Abstand Dritter, trotz vieler Handicaps gegen sie. Dieses erste Sweepstake-Rennen war der Anfang, danach wurden Hundeschlittenrennen sehr populär und die sibirischen Hunde bekamen schnell den Ruf von Top-Schlittenhunden. Ein Schotte namens Fox Maule Ramsay war so begeistert von den Chukchis, daß er ein Schiff charterte, über die Bering-See Sibirien erreichte, und mit mehr als 60 der besten arktischen Hunde die er bekommen konnte, zurückkehrte. Im dritten All-Alaska- Race wurden zwei Teams von Ramsays Hunden Sieger und Zweiter; Ramsay selbst war der Fahrer des zweitplazierten Teams. Eine bekannte Geschichte ihrer hervorragenden Eignung zum

Seite gegenüber: Siberian Husky und Alaskan Malamute werden leicht verwechselt.

Wußten Sie schon?

In der arktischen Region entwickelten sich viele talentierte, typisch nordische Hunde. Lappland, nicht weit von Zentralsibirien entfernt, brachte den stark bepelzten Lappenhund, der

FINNISCHER LAPPENHUND

ursprünglich Renntierherden hütete, hervor. Heute gibt es zwei Arten von ihnen, den schwedischen und den finnischen Lappenhund. Heute sind sie sowohl Begleit- als auch Hütehunde für Schafe und Rinder.

Schlittenhund ist die Geschichte des „great-serum-run" in 1925. Bei einem Ausbruch von Diphterie in Nome, Alaska, benötigte man einen Impfstoff, um eine Ausbreitung der Epidemie zu verhindern. Ein Lufttransport war wegen schlechter Wetterbedingungen unmöglich. Anchorage war der nächstgelegene Ort, in dem das Serum vorrätig war. Von Anchorage konnte er per Bahn bis Nenana gebracht werden, aber von dort waren es noch 650 Meilen bis nach Nome. Nur mit Schlittenhunden war es möglich, diese große Distanz zu schaffen. Die Stafetten bewältigten die Strecke in 5 $^{1}/_{2}$ Tagen, einer bemerkenswert kurzen Zeit, und das

Wußten Sie schon?

Seit 1967 haben Huskys weltweit beeindruckt, vor allem durch das Iditarod-Rennen, das längste Schlittenhunde-Rennen der Welt über 1049 Meilen durch Alaska. Es ist noch untertrieben, diese Konkurrenz eine extreme Herausforderung zu nennen. Ob Mann und Hund oder auch Frau und Hund, Fahrerinnen wie Libby Riddles konnten dieses Rennen auch gewinnen. Susan Butcher gewann in jüngerer Zeit das Rennen mehrmals.

Ebenso wie der nahe verwandte finnische Lappenhund ist der hier abgebildete schwedische Lappenhund ein nordischer Hund aus Lappland, der ursprünglich Renntiere hütete.

Chinook-Hunde der Chinook-Indianer, die am Columbia River im Nordwesten der Vereinigten Staaten siedelten. Diese drei Chinook-Welpen sind feine Exemplare aus der Zucht, die mit der Geschichte der Siberian Huskys verbunden ist.

Serum konnte so noch rechtzeitig genug eingesetzt werden, um Menschen vor dem Tod zu bewahren. Die Nachricht von der unglaublichen Ausdauer und dem heroischen Aushalten der eisigen Temperaturen und blizzard ähnlichen Wetterbedingungen verbreitete sich rasch.

Dem Namen nach bekannt sind heute einzig noch die beiden Fahrer, die mit Siberian Huskys unterwegs waren. Gunnar Kasan und Leonard Seppala. Kasans Gespann war die letzte Stafette und lieferte das Serum am 2. Februar 1925 in Nome ab. Sein Leithund Balto, der seine Klasse bereits oft als Schlitten- und Fährtenhund bewiesen hatte, wird heute noch oft als bester Leithund Alaskas genannt. Heute erinnert eine Statue in Balto im Central Park in New York City an die Serumstafette und an all die guten Hunde, die an ihr teilnahmen. Seppala und sein Gespann wurden durch die Bewältigung von über 300 Meilen auf der Strekke nach Nome berühmt, der längsten Distanz, die je von einem einzigen Gespann bewältigt wurde.

Weiterentwicklung der Rasse

Leonard Seppala bereiste mit einer Gruppe seiner Hunde – die meisten von ihnen waren Siberian Huskys – die Vereinigten Staaten, um mit ihnen das Wesen und die Arbeit von Schlittenhunden zu demonstrieren. Die Bezeichnung „Husky" war der allgemeine Name für Schlittenhunde. Die Amerikaner gaben dem Chukchi-Hund den Namen „Siberian Husky". Seppa-

Wußten Sie schon?
Die Bezeichnung „Husky" ist eine allgemeine Bezeichnung für alle nordischen Schneehunde. Es leitet sich ab von dem Wort „Eskie" für Eskimo. Eskimos sind auch weiterhin abhängig von Schlittenhunden, um überleben zu können.

las Demonstrationen machten die Hunde der Arktis weithin bekannt und erweckten das Interesse am Siberian Husky. Die Schlittenhunde wurden sogar bei den Olympischen Spielen 1932 in Lake Placid vorgestellt.

Nachdem er seine Vorstellungstour beendet hatte, ließ sich Seppala in Neuengland nieder und konzentrierte sich vor allem auf die Teilnahme an Rennen mit seinen Hunden. Er festigte nicht nur seinen eigenen Ruf als hervorragender Schlittenhundfahrer, sondern durch sein Zuchtprogramm verhalf er dem Siberian Husky, sich im Osten der Vereinigten Staaten zu etablieren. Die Zucht seiner Hunde diente dann weiteren Züchtern in Neuengland zum Aufbau ihrer Zucht. Den Namen Seppala kennt heute jeder Husky-Züchter oder Husky-Liebhaber. Tatsächlich sind alle in amerikanischen Zuchtbüchern verzeichneten Siberian Huskys auf Seppalas Blutlinien zurückzuführen.

Die Zucht von Siberian Huskys hoher Qualität konzentrierte sich auf Neuengland. Eine der bedeutendsten war die Zucht von Arthur Waldens „Chinook Kennels" in New Hampshire. Walden züchtete bereits mit Schlittenhunden, als Seppala mit seinen Schlittenhunden kam. Wieder waren diese Hunde kleiner als die in dieser Region bereits gezüchteten, aber man erkannte sofort ihre Eignung als Schlittenhunde. Jedenfalls wurde man aufmerksam, als sie begannen, bei Rennen zu starten. Seppalas zuverlässigen und leicht zu lenkenden Hunde besiegten die anderen Hunde der Region bei den Schlittenrennen. Walden züchtete mit Unterstützung von Milton und Eva „Short" Seeley wertvolle Siberian Huskys, basierend auf der Alaskazucht; einige von ihnen kamen direkt von Leonard Seppala.

Lorna Demidoff baute den Prominenten „Monadnock Kennel" ebenfalls in New Hampshire auf. Ihr erster Hund kam von Chinook, danach kamen viele Champions und beste Rennhunde aus ihrer Zucht. Interessant ist, daß beide, Lorna Demidoff und Eva Seeley auch hervorragende Schlittenhunde-Fahrerinnen waren, zwei der besten Fahrerinnen aller Zeiten.

Das Zuchtziel in Neuengland war, das Leistungsvermögen der Huskys zu erhalten aber auch ästhetisch schöne Hunde für die Vorstellung im Ring zu züchten, während das Zuchtprogramm der Tschuktschen mehr auf Funktion als auf Aussehen ausgerichtet war.

Zum Beispiel sollte ihr schönes, wolliges Fell nur ihre Körper schützen und weniger ihre Bewunderer begeistern.
Die Stämme brauchten ihre Hunde um zu überleben, sie mußten nicht schön sein. Die Amerikaner jedoch, die ihre Hunde ebenso gern auf Schauen zeigten als auch Hund war die Hündin „Fairbanks Princess Chena". Im Zuchtbuch des „anderen", des „United Kennel Club", wird die Zucht als „Arctic Husky" geführt. Auch in England wird die Rasse manchmal so genannt, obgleich sie offiziell als Siberian Husky geführt wird.

Samojeden sind eine Zucht der Mongolen in Nord-Rußland, die man ebenfalls Samojeden nennt. Die Hunde werden meist als Hütehunde verwendet.

bei Rennen einsetzten, wollten beides: Hunde, so gut und so schön wie möglich. Aber auch bei ihrer Neigung zu schönen Hunden verstanden es die Züchter Neuenglands, konsequent Hunde zu züchten, die zu den besten Schlittenhunden rundum gehörten.
Die Zucht wurde als „Siberian Husky" im Jahr 1930 im Amerikanischen Zuchtbuch eingetragen; der erste beim AKC eingetragene

Der Husky in Grossbritannien

Der Siberian Husky wird in Großbritannien seit 1968 gezüchtet. Der erste eingetragene Husky war die Hündin „Yeso Packs Tasha". Sie gehörte Lt. Commander William Cracknell. Als sie aus den USA ankam, war in England die Tollwut ausgebrochen und sie mußte lange Zeit in Quarantäne bleiben. Der Husky wurde nun als eigene

Wußten Sie schon?
Der Siberian Husky trägt, wie alle nordischen Hunderassen, eine buschige Rute, die sich über seinen Rücken legt.

Obgleich im Standard nicht vermerkt ist warum, so ist sie doch ein Charakteristikum, hervorgegangen aus der Entwicklung. Diese stark buschige Rute kann den Hundekopf vor Schnee und Wind schützen, wenn sich der Hund auf dem Boden zusammenrollt. Sie ist also ein lebenswichtiger Teil für einen Hund, der unter arktischen Bedingungen arbeitet und ruht.

Rasse bestimmt und eingetragen. Aus den Staaten wurde für sie ein Rüde importiert und als Cracknell in die Staaten zurückkehrte, blieben die Welpen dieser beiden in England zurück.
Als in England die Quarantänedauer wieder auf sechs Monate reduziert wurde, begann man mehr und mehr Siberian Huskys zu importieren. Don und Liz Leich waren die ersten, die sich um den Aufbau einer Zucht bemühten. Sie holten 1971 Hunde aus den USA und gründeten einen eigenen Zwinger. Einige ihrer Hunde waren sehr erfolgreich auf Schauen. Wie alle guten Züchter bemühten sie sich, die guten Arbeitseigenschaften ihrer Hunde zu erhalten. Der Siberian Husky erlebte in England einen langsamen, aber stetigen Anstieg. Er wurde 1986 voll anerkannt und war zur Teilnahme an Championaten berechtigt. Viele englische Züchter sind seither erfolgreich und Siberian Huskys sind dort beliebt als Familienhunde und auf Schauen.

Der Siberian Husky in der Schweiz

1955 wurde erstmals von einem Siberian Husky in der Schweiz berichtet und 1963 wurde der Schweizer Club für nordische Hunde gegründet. Der Club bestimmte die Zuchtmerkmale der Hunde und war gegen Kreuzungen. Um Zuchtpapiere zu erhalten, müssen beide Elternteile hohen Zuchtwert besitzen. Sie müssen eine Reihe von Röntgenaufnahmen, Gesundheitstests und Wesensprüfungen über sich ergehen lassen und bestehen. Der Club registriert alle Informationen und Entscheidungen, welche Rüden und Hündinnen zur Zucht zugelassen werden und welche nicht. Die Standards sind sehr hoch, immer streng überwacht und sorgen dafür, daß die Blutlinien rein erhalten bleiben. Der hohe Standard Siberian Huskys in der Schweiz ist in Europa bekannt und viele dieser Hunde wurden zur Verbesserung der dortigen Husky-Zucht in anderen europäischen Ländern importiert.

Wenn Sie einen Husky in Ihre Familie aufnehmen wollen, müssen Sie deren Wesen und Charaktereigenschaften vorher wissen. Ein Husky ist ein „Vollblut-Arbeitstier“ und nicht daran gewöhnt, nur als Familienhund gehalten zu werden.

Charaktereigenschaften des Siberian Husky

Ein Freund für´s Leben!
Siberian Huskys sind weltweit als freundliche, fröhliche Hunde bekannt. Wie schon erwähnt, zogen die Tschuktschen ihre Hunde zu Hause zusammen mit ihren Kindern auf. Die Hunde fühlten sich als Teil der Familie, ebenso, wie Ihr Siberian Husky ein Teil Ihrer Familie sein möchte. Der Siberian Husky besitzt Loyalität gegenüber allen Familienmitgliedern, ist aber dennoch auch freundlich zu Jedermann; er kann gar nicht genug Freunde haben. Es verwundert deshalb nicht, daß der Siberian Husky den Ruf hat, eine der freundlichsten Hunderassen überhaupt zu sein. Wenn man einen Wachhund oder einen drohenden Hüter für sein Haus sucht, dann sollte man sich einen anderen Hund nehmen. Der Husky begrüßt einen Besuch lieber mit freundlichem Schnuppern als mit drohendem Gebell. Das gleichbleibende Wesen und die Aufgeschlossenheit gegenüber Menschen hat mit ihrer Geschichte zu tun. Die Hunde wurden ja als Arbeitstiere gehalten und mußten jedermann gehorchen. Deshalb hat er ein freundliches Wesen.

Huskys sind sehr fügsam, sie mußten die von ihnen geforderten Aufgaben mit Disziplin erfüllen. Der Schlittenführer mußte seinen Hunden voll vertrauen, die der Spur zur Suche nach Nahrung und zurück zur Siedlung zuverlässig folgen mußten.
Für Mann und Hund draußen in der eisigen Tundra gibt es keine Wegweiser und keine Tankstelle, um nach der Richtung zu fragen. Bei solchen Bedingungen den Weg zu verlieren, bedeutet eine lebensbedrohliche Situation.

Seite gegenüber: Ein Paar Arbeits-Huskys aus den Niederlanden. Diese beiden Hunde sind bezüglich der Fellfarbe, Augenfarbe und der Abzeichen völlig verschieden.

Huskys sind bekannt für ihre Freundlichkeit gegenüber Menschen. Sie wurden dazu erzogen, Helfer für ihre Besitzer zu sein, die in ihrem täglichen Leben von den Hunden abhängig waren.

Heute ist die anstrengendste „Jagd" nach Nahrung vielleicht der Weg zum Supermarkt an der Ecke. Dennoch sind Lernwilligkeit und Zuverlässigkeit noch immer ein großer Faktor im Wesen des Siberian Huskys.

Siberian Huskys lernen nicht nur gern, sondern sie fordern dazu auf. Huskys brauchen Disziplin. Ein Schlittenführer muß seinen Hunden vertrauen können, daß sie seinen Befehlen gehorchen. Sie dürfen keinen Fehler machen, vor allem der Leithund nicht. Deshalb erwarten die Hunde von ihrem Schlittenführer, daß er ihnen die Richtung weist. Auch Sie sind der „Führer" Ihres Huskys und müssen die Zügel in der Hand halten. Der Husky wurde zunächst und vor allem als Arbeitshund gezüchtet und seine Motivation zur Arbeit macht immer noch einen großen Teil seiner Persönlichkeit aus. Da Husky-Besitzer im allgemeinen ihre Hunde weder zur Jagd, noch zum Schlittenziehen verwenden, muß der Hund seine Energien bei anderen Aktivitäten ausleben können. Wenn er nicht für eine Arbeit genutzt werden kann, dann sollte er viel Bewegung haben, sonst langweilt er sich. Ein gelangweilter Hund wird Wege finden, sich zu amüsieren. Das könnte für Ihren Garten, Ihre Möbel oder Schuhe Ärger bringen. Es ist nicht gesagt, daß jeder Hund mit Zerstörung reagiert, wenn er sonst nichts zu tun hat, aber es ist besser, wenn Sie kontrollieren, wie Ihr Hund seine „Freizeit" verbringt. Außerdem: Je mehr Sie Ihren Hund beobachten, desto mehr Zeit verbringen Sie dann mit ihm und das gibt Ihnen die Möglichkeit, die Beziehung zu ihm zu festigen.

Wenn Sie an das arktische Klima aus dem er stammt, denken, ist wohl klar, daß der Husky bei uns im Winter nicht frieren muß. Der Husky paßt sich der jeweiligen Jahreszeit an und wechselt sein Fell. Während dieses Fellwechsel haart er ziemlich stark. Ansonsten sind Siberian Huskys bekannt dafür, daß sie sehr reinlich sind.

Ein Husky kann sowohl im Haus als auch draußen glücklich sein, solange er nur einen guten Freund hat, der ihn auch beschäftigt.

Weil sie ursprünglich Arbeitshunde waren, brauchen Siberian Huskys ein Ventil für ihre Energie. Regelmäßiges Spazierengehen gibt ihnen die Möglichkeit zur notwendigen Aktivität und Bewegung.

Sie haaren zwar, aber das ist kein Hygiene-Problem. Dafür halten sich die Hunde selbst sauber und haben überraschend wenig Hundegeruch. Sie sind also leicht zu pflegen. Trotz ihres dicken Fells muß man sie nur bürsten. Auch für die Vorstellung im Ring ist keine besondere Pflege notwendig. Denken Sie aber daran, daß das dicke Fell des Siberian Huskys verfilzt und ungepflegt wirkt, wenn es zu wenig gebürstet wird. So reinlich Ihr Husky auch ist, es ist ihm nicht möglich, an jeder Stelle seines Körpers sein Fell zu pflegen, dafür müßte er seinen Hals zu sehr verrenken.

Huskys sind bekannt für ihre Anhänglichkeit und Loyalität gegenüber ihrem Besitzer.

Aktivitäten für Ihren Siberian Husky!

Da der Siberian Husky einer der aktivsten Hunde ist, sowohl im Temperament als auch körperlich, muß man ihn gut beschäftigen. Hier einige bewährte Beispiele:

1. Tägliche Spaziergänge, möglichst zweimal am Tag und mindestens zwei bis drei Kilometer.
2. Jogging oder Radfahren
3. Lasten befördern
4. Schlitten ziehen oder Skijöring
5. Camping und Wandern
6. Frisbee oder Flugball
7. Wagen ziehen
8. Gartenhilfe
9. Gewicht ziehen
10. Hundeschauen und -prüfungen

Kleine Schattenseiten Ihres Huskys

Der Siberian Husky besitzt zwar eine freundliche und ruhige Art, aber er ist vorwiegend als Arbeitshund gedacht und man muß sich schon genau überlegen, ob man diese Tiere auch wirklich artgercht halten kann. Aber wie bei den meisten Dingen gibt es zwei Seiten der Münze. Wägen Sie gut zwischen Mängeln und positiven Faktoren ab, ehe Sie Ihre Entscheidung für oder gegen einen Husky treffen.

Erstens: Siberian Huskys haaren. Das dicke, wollige Fell ist wunderschön und gut zum kuscheln, aber finden Sie es auch noch schön an Ihrer Kleidung und an Ihrem Mobilar? Mindestens einmal jährlich wird Ihr Hund das Fell wechseln, darauf sollten Sie sich vorbereiten. Bedenken Sie auch, daß viele Menschen gegen Hunde allergisch sind, die ein solch dickes Fell wie die Huskys haben. Neue Besitzer merken, wenn auch mit wehem Herzen, daß sie in der Nähe ihres Huskys ständig niesen müssen, auch wenn sie früher als Kind nie gegen den Familienhund allergisch reagierten, mit dem sie ihre

Obgleich sie Schnee am meisten lieben, haben einige Huskys auch eine Vorliebe für Wasser. Ihr Husky sollte aber nur unter Ihrer Aufsicht schwimmen.

Kindheit erlebten, zum Beispiel einem Mops, Pudel oder Labrador-Retriever.
Zweitens: Bekanntlich graben Hunde gern, Huskys aber besonders gern! Das kommt vom Instinkt des Huskys, eine Kuhle in den Boden zu graben, um beim Ruhen in der schneebedeckten Tundra warm zu bleiben. Sich im Dreck einzugraben ist viel besser als sich im Schnee einzugraben – es ist viel wärmer! Entweder müssen Sie auf Ihre Gartenanlagen verzichten, oder Ihrem Hund einen Teil davon zum Graben zur Verfügung stellen, dann ist das Problem gelöst. Wie auch immer – wenn Sie meinen, daß Ihnen das zu lästig wird und Sie sich die meiste Zeit nur über Ihren Hund ärgern würden, dann wählen sie besser eine andere Hunderasse aus.
Drittens: Siberian Huskys sind nun einmal geborene Renner und zwar sehr schnelle! Wenn Sie einen Hund wollen, mit dem Sie ohne Leine gerade mal eine Expedition bis zum Park oder Strand in der Nähe unternehmen, auch dann wählen Sie besser einen anderen Hund, denn alle nordischen Hun-

Photo Kent & Donna Dannen

Ein junger „Musher“ fährt seinen Schlitten in einem Wettbewerb für Schlittenhunde in Pagosa Springs, Colorado, USA.

Regelmäßiges Bürsten entfernt die Haare, die sonst auf Ihren Kleidern oder Möbeln enden.

derassen haben eine Vorliebe für das Davonrennen.

Für einen Husky ist es ein Traum, etwas Unerreichbares zu jagen, mit dem Wind bis an das Ende der Welt zu rennen. Nehmen Sie ihn an die Leine oder Sie werden ihn so bald nicht wieder sehen. Diesen Nachteil muß man hinnehmen. Der Husky besitzt eine ausgeprägte Jagdleidenschaft, das ist der Grund, daß er immer wieder davonläuft. Wenn Sie keinen Zaun um Ihren Garten haben, dann gibt es zwei Möglichkeiten:

1. Halten Sie sich einen anderen Hund.
2. Errichten Sie einen Zaun, aber einen guten.

Spezifische Gesundheitseigenschaften der Rasse

Der Husky neigt wie auch andere reinrassige Hunde zu einigen vererbbaren und angeborenen körperlichen Schwächen. Die Züchter in allen Ländern sind bemüht, die Probleme in den Griff zu bekommen und nehmen betroffene Hunde aus der Zucht. Zwei der häufigsten gesundheitlichen Mängel betreffen die Augen und die Hüften. Das soll aber hier nicht angesprochen werden, sondern soll den Husky-Besitzer nur zur Wachsamkeit auffordern und zur sorgsamen Beobachtung seines Hundes.

Probleme mit den Augen

Die Augen des Siberian Huskys gelten bei vielen als besonders schön. Es ist eine Ironie, daß die Züchter sich um das Sehvermögen dieser wunderschönen Augen sorgen müssen. Bei ihnen liegen jedoch die häufigsten Probleme. Überzeugte Besitzer lassen sich aber davon wenig beeinflussen. Die Wahrscheinlichkeit eines Augenproblems ist gering, sie beträgt etwa 5 %.

Das Glaukom (Grüner Star) ist ein Druckanstieg im Augapfel. Der Abflußkanal ist beengt, vielleicht sogar blockiert. Der Druckanstieg kann bis zur Blindheit führen. Alle Siberian Huskys sollten im Alter von etwa einem Jahr auf Glaukom untersucht werden. Wenn eine Anlage zum Glaukom besteht, kann der Hund nicht zur Zucht verwendet werden. Hunde, die als

„verdächtig" registriert wurden, müssen jedes Jahr nachuntersucht werden. Hunde, bei denen sich akut ein Glaukom entwickelt, werden mit „betroffen" registriert.

Der erbliche **Graue Star** ist eine Trübung der Linse des Auges, die zur Blindheit führen kann. Der Graue Star kann zwar operiert werden, aber der Hund erhält sein volles Sehvermögen nicht mehr zurück. Vorsorglich helfen jährliche Untersuchungen, den Grauen Star frühzeitig zu erkennen. Mit einem betroffenen Hund kann man nicht züchten. Beidseitiger Grauer Star, bekannt als „Jugendstar", tritt bei jüngeren Hunden auf und ist beim Siberian Husky erblich.

Beim älteren Hund bemerkt man den Grauen Star manchmal nur an einem Auge, das andere Auge ist noch nicht betroffen. Durch die starke Trübung kann der Hund in manchen Fällen erblinden.

Hornhautzersetzung zeigt ähnliche Symptome wie der Graue Star. Die Augen des Hundes trüben sich und das Sehvermögen läßt nach. Die medizinische Bezeichnung ist „crystalline corneal opacities" (CCO). Diese Bezeichnung kommt von den kegelförmigen Kristallen, die sich auf der Hornhaut ausbreiten, wodurch das Sehvermögen des Hundes beeinträchtigt wird. Ebenso wie beim Grauen Star werden beide Augen befallen, wenn auch nicht zugleich und in gleicher Stärke.

Die Augen des Huskys sind vielleicht die markantesten und schönsten Merkmale dieser Rasse. Leider sind Augenleiden aber von einigen Bedeutung in der Zucht.

Fortschreitende Netzhautatrophie (PRA) ist ein allgemeines Augenleiden, das bei den meisten Hunderassen zu finden ist. Auch der Husky ist davon nicht ausgenommen. Es gibt zwei Arten von PRA, die periphere Netzhautatrophie (ab 2. Lebensjahr, meist jedoch erst ab dem 5. Lebensjahr) und die fortschreitende zentrale Atrophie (bereits im Welpenalter). Bei der zentralen PRA erkennen die Hunde bewegliche Objekte besser als ruhende = Tagblindheit. Bei der peripheren PRA ist das Sehvermögen bei Dunkelheit eingeschränkt = Nachtblindheit.

Bei Nachtblindheit degenerieren die Stäbchenzellen. Auch das Sehvermögen bei Tag kann dabei vermindert sein. Anfangs scheint es, als sei nur ein Auge betroffen, aber

Siberian Huskys, die als Schlittenhunde arbeiten, müssen Gesundheit und Härte besitzen.

in Wirklichkeit sind es immer beide Augen. Wie das Wort „fortschreitend“ schon sagt, verschlimmert sich das Leiden mit der Zeit, vielleicht bis zur völligen Blindheit. Obgleich PRA beim Husky erblich zu sein scheint, kommt dieses Augenleiden so selten vor, daß dafür kein schlüssiger Beweis erbracht werden kann.

Hüftgelenksdysplasie

Das größte orthopädische Problem der Hunde, die Hüftgelenksdysplasie, basiert auf einer erblichen Veranlagung zu einer späteren Fehlentwicklung von Gelenkkopf und Gelenkpfanne. Alle Hunde mit Hüftgelenksdysplasie wurden mit normalen Hüften geboren, die etwa ab dem Alter von zwei Jahren vom normalen Wachstum abweichen. Der „Femur“ oder Oberschenkelknochen paßt nicht genau in die Gelenkpfanne des Oberschenkels.

Weil der Husky vor allem zum Ziehen von Schlittenhunden gezüchtet wird, bedeutet seine Fähigkeit, mit Kraft und Ausdauer zu rennen, gleichzeitig Lebenstüchtigkeit. Da die Züchter wissen, daß Hüftgelenksdysplasie die Verwendung als Schlittenhunde verbietet, versuchen sie alles, um HD zu unterbinden. Die Verbreitung von HD bei Huskys beträgt schätzungsweise 4 bis 5 %. Das ist recht wenig im Vergleich zu anderen, größeren Rassehundzuchten, wo HD bis zu 50 % betragen kann.

Die Ergebnisse der Röntgenuntersuchung werden in vier Stufen eingeteilt:

1. frei von HD
2. leichte HD
3. mittlere HD
4. schwere HD

Die meisten Huskys, die von HD betroffen sind, können den Stufen 1 und 2 zugeordnet werden, aber nur Hunde der Stufe 1 werden in die Zucht aufgenommen. Das kann einen Züchter, der einen ansonsten fehlerfreien „Champion" besitzt, hart treffen. Nicht alle Hunde, bei denen HD festgestellt wird, zeigen auch entsprechende Degenerationserscheinungen. Aber sie sind dennoch Träger von HD und können den Defekt auf ihre Nachkommen vererben. Sorgsame Besitzer sollten sich nach Eltern, Großeltern und anderen nahen Verwandten ihrer Welpen erkundigen. Da HD vererbt wird, wobei die einzelnen Zusammenhänge und Ursachen noch weitgehend unbekannt sind, ist bei der Zucht entsprechende Vorsicht ratsam.

Außer daß Dysplasie-Hunde aus der Zucht ausgeschlossen werden, trifft man auch noch andere Maßnahmen, um auszuschließen, daß sich HD in der Zucht einschleicht. Die Züchter halten Umweltfaktoren für ebenso wichtig, wie die Erbfaktoren. Auch die Vermeidung von glatten Böden bewahrt den Welpen und Junghunde zum Beispiel vor Knochenbrüchen und Schäden an den Bändern. Auch die Ernährung sollte fettarm sein und frei von Zusätzen. Wachstumshormone sind in Deutschland verpönt. Hunde jedes Alters, besonders aber Welpen, dürfen nicht schwerer sein als ihrem im Wachstum befindlichen Körper zuträglich ist. Welpen und Junghunde sollten keinen großen Anstrengungen ausgesetzt werden. Ungestümes Herumjagen und Raufereien mit schwereren und größeren Hunden sind zu vermeiden, damit keine Verletzungen und Schäden an den noch nicht voll ausgebildeten Knochen und Gelenken entstehen. Mit einem Hund gleicher Größe kann ein Husky ohne Probleme „toben".

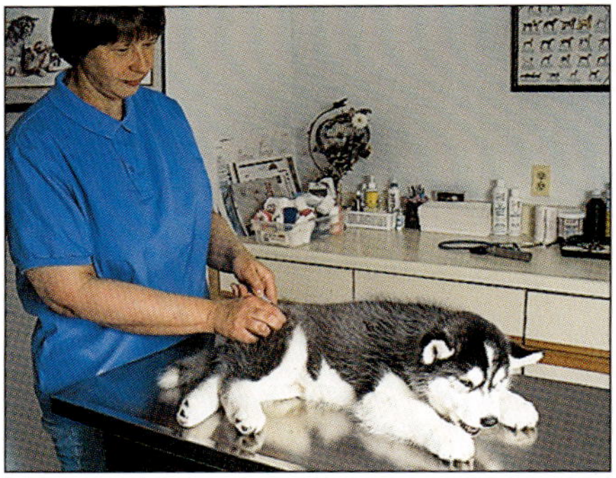

Die Gesundheit Ihres Siberian Huskys sollte regelmäßig von einem Tierarzt überwacht werden. Dieser junge Husky erhält gerade eine Impfung.

Seite gegenüber: Junge Huskys können wunderschön gezeichnet sein. Leider können sie auch gesundheitliche Probleme haben. Es kann daher sehr nützlich sein, soviel wie möglich über die Vorfahren Ihres Huskys zu erfahren.

Die Beschreibung des Rassestandards ist klar und detailliert um eine Reinzucht zu erhalten, die die gewünschten Eigenschaften in Aussehen und Charakter aufweist. Ein „Champion“ muß in hohem Maße diesen Anforderungen entsprechen.

Der Rassestandard für den Siberian Husky

Was bedeutet „Standard“?
Ein Rassestandard ist eine Beschreibung von Aussehen und Eigenschaften, die einen Hund einer bestimmten Rasse auszeichnen, wenn er den Ideal-Vorstellungen von Züchtern und Richtern entspricht. Um beim Husky zu bleiben: Den „perfekten“ hat es nie gegeben und kann es auch nicht geben. Aber es muß Richtlinien geben, nach denen man den Wert oder die Qualifikation eines Hundes bewerten kann, wie weit er dem „Ideal“ in seiner Rasse nahekommt. Wer einen Husky besitzen möchte, wird es sicher vermeiden, sich einen Hund auszusuchen, der lediglich aufgrund des Nachweises auf einem Stück Papier als Siberian Husky gilt.
Wichtig ist bei der Beschreibung des Rassestandards der Abschnitt „Temperament“. Die charakterlichen Eigenschaften spielen für den Besitzer die größere Rolle, denn ein Hund, sei er auch der Schönste weit und breit, kann zum Alptraum für seinen Besitzer werden, wenn er einen unzuverlässigen oder gar gefährlichen Charakter hat.
Wenn Sie vorhaben, mit Ihrem Siberian Husky an einer Zuchtschau teilzunehmen, dann können Sie anhand des Rassestandards vorab schon selbst feststellen, wie weit Ihr Husky die erforderlichen Eigenschaften besitzt. Aber Sie müssen dabei berücksichtigen, daß der Husky sich relativ spät entwickelt, erst mit 12 bis 16 Monaten beginnt er sich zu formieren und ist vor dem dritten

Wenn Ihr Welpe zu einem Prachtexemplar herangewachsen ist, warum sollte man ihn dann nicht auf einer Zuchtschau vorstellen?

Lebensjahr noch nicht voll entwickelt.
Der nachstehende Rassestandard ist die heute geltende Fassung von 1990, herausgegeben von der F.C.I., der Fédération Cynologique Internationale. Nur ein Hund, der in ausreichendem Maß diesem Rassestandard entspricht, (was von einem Richtergremium, der „Zuchtkommission" entschieden wird) darf zur Zucht verwendet werden.

Der Rassestandard der F.C.I. für den Siberian Husky

Allgemeines Erscheinungsbild: Der Siberian Husky ist ein mittelgroßer Arbeitshund, schnell, leichtfüßig, frei und elegant in der Bewegung. Sein mäßig kompakter, dicht behaarter Körper, die aufrecht stehenden Ohren und die buschige Rute weisen auf die nordische Herkunft hin. Seine charakteristische Gangart ist fließend und anscheinend mühelos. Er ist

Wenn Ihr Siberian Husky bei einer Zuchtschau vorgestellt werden soll, dann können Sie anhand des Rassestandards weitgehend selbst feststellen, ob er den dort geforderten Eigenschaften genügt.

nach wie vor äußerst fähig, seine ursprüngliche Aufgabe als Schlittenhund zu erfüllen und leichtere Lasten in mäßigem Tempo über große Entfernungen zu ziehen. Die Proportionen und die Form seines Körpers spiegeln das grundlegend ausgewogene Verhältnis von Kraft, Schnelligkeit und Ausdauer wieder. Die Rüden sind maskulin, aber niemals grob; Die Hündinnen sind feminin, aber ohne Schwächen im Aufbau. Ein Siberian Husky in richtiger Kondition, mit gut entwickelteten, straffen Muskeln, hat kein Übergewicht.

Größe, Proportion, Substanz:

Widerristhöhe:

Rüden	53 bis 60 cm
Hündinnen	51 bis 56 cm

Gewicht:

Rüden	20 bis 27 kg
Hündinnen	16 bis 22 kg

Das Gewicht steht im richtigen Verhältnis zur Widerristhöhe. Die genannten Größen und Gewichte bezeichnen die äußersten Grenzen, ohne einem Extrem den Vorzug zu geben. Übermäßige Knochenstärke oder Übergewicht sollte bestraft werden.

Die Länge des Körpers, gemessen vom Schultergelenk bis zum Sitzbeinhöcker, übertrifft ein wenig die Widerristhöhe.

Ausschließender Fehler: Rüden über 60 cm und Hündinnen über 56 cm.

Kopf: Ausdruck durchdringend, aber freundlich, interessiert und sogar schelmisch.

Augen: Mandelförmig, mäßig auseinanderliegend und etwas schräg gelagert. Farbe braun oder blau, ein blaues und ein braunes sowie mehrfarbige Augen sind zu akzeptieren.

Fehler: Zu schräg oder zu dicht beeinander liegende Augen.

Ohren: Von mittlerer Größe, dreieckig, eng beieinanderstehend und hoch angesetzt. Sie sind dick, gut behaart, hinten leicht gewölbt, aufrechtstehend, mit leicht gerundeten, aufgerichteten Spitzen.

Ein wunderschöner Husky mit besonderer Fellfärbung. Er wirkt aufmerksam und anmutig.

Fehler: Zu groß im Verhältnis zum Kopf; zu weit auseinanderstehend; nicht fest aufrechtstehend.

Schädel: Von mittlerer Größe und passend zum Körper, oben leicht gerundet und sich von der breitesten Stelle zu den Augen hin verjüngend.

Die Ohren des Huskys sollten dreieckig sein und relativ nahe zusammen stehen.

Die Vorderhand sollte gut zurückliegende Schulterblätter haben. Die Vorderläufe stehen in mäßigem Abstand zueinander, parallel und gerade.

Fehler: Plumper oder schwerer Kopf; zu fein gemeißelter Kopf.
Stop: Gut ausgeprägt; das Nasenbein ist gerade.
Fehler: Nicht genügend ausgeprägter Stop.
Fang: Von mittlerer Länge und Breite, sich zur Nase hin allmählich verjüngend, jedoch nicht spitz oder breit endend.
Nase: Schwarz bei grauen, lohfarbenen und schwarzen Hunden; leberfarben bei kupferfarbenen Hunden; bei rein weißen Hunden kann sie fleischfarben sein. Die rosastreifige „Schneenase“ ist zu akzeptieren.
Lefzen: Gut pigemtiert und eng anliegend.
Zähne: Scherengebiß, vollständig.
Fehler: Jede Abweichung vom Scherengebiß.
Hals: Mittlere Länge, gebogen, im Stand stolz aufgerichtet. Im Trab so gestreckt, daß der Kopf leicht vorgelagert wird.
Fehler: Hals zu kurz und dick oder zu lang.
Brustkorb: Tief und kräftig, aber nicht zu breit.
Fehler: Brustkorb zu breit; tonniger Brustkorb; Rippen zu flach oder schwach.

Rücken: Gerade und kräftig, Oberlinie waagerecht; mittlere Länge. Lende straff und trocken bemuskelt, schmaler als der Rippenkorb und leicht gewölbt. Kruppe abfallend aber nicht steil.
Fehler: Matter oder nachgebender Rücken; gewölbter Rücken; abfallende obere Linie.
Rute: Gut behaart, Form einer Fuchslunte. Wird meist ist elegantem Bogen über dem Rücken getragen, aber nicht nach der einen oder anderen Seite geringelt. Hängen-

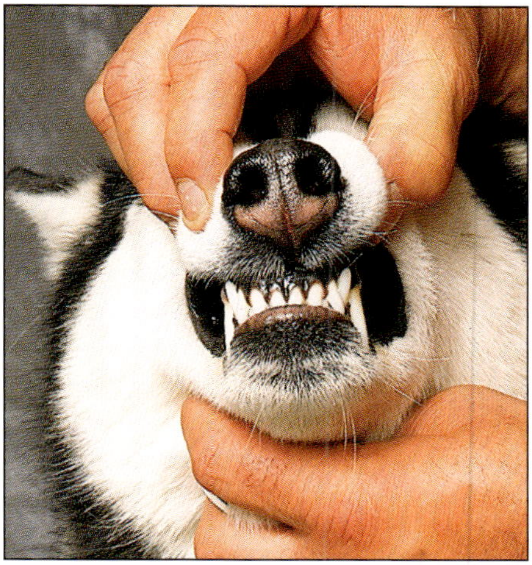

Die Zähne des Huskys bilden ein Scherengebiß, die Oberkieferzähne überlappen die Unterkieferzähne.

Der Rücken des Huskys ist gerade und stark, von den Schulterblättern bis zur Kruppe ist die Oberlinie gerade verlaufend.

Die Ohren sind hoch am Kopf angesetzt und relativ nahe beieinanderstehend (links). Die Ohren rechts stehen zu weit auseinander und sind nicht korrekt.

Vorderläufe links parallel und gerade; Die Vorderläufe sollten weder einwärts noch auswärts gedreht sein (rechts).

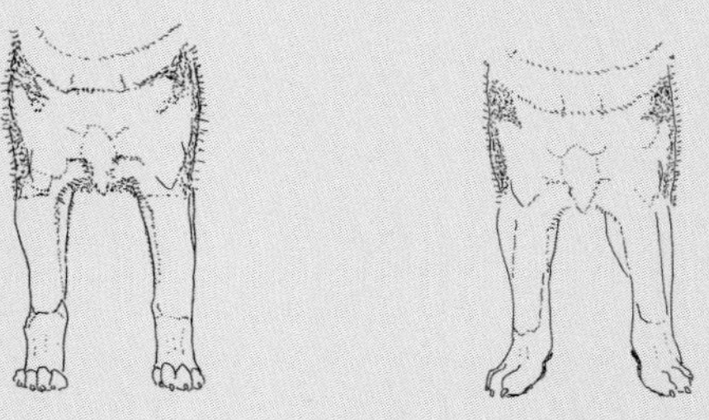

Die gut behaarte Rute soll in leichtem Bogen aufwärts getragen werden (links), sie soll nicht geringelt werden (rechts).

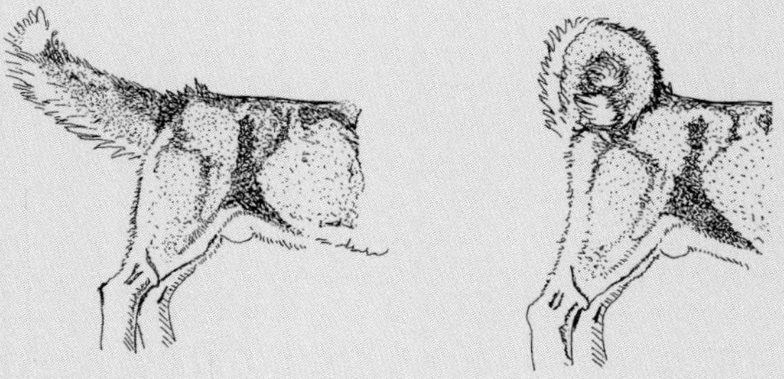

Die Pfoten sollen rund und kompakt sein (links); die Ballen sollen dick gepolstert und gut behaart zwischen den Zehen sein (rechts).

Der Gang ist leicht und mühelos. Die Oberlinie bleibt gerade; viel Schwung und Raumgriff in der Bewegung.

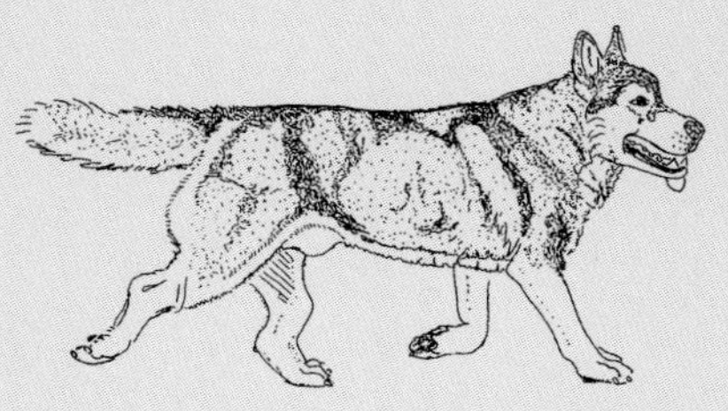

Der Zuchtstandard wurde in erster Linie im Hinblick auf Gesundheit und Leistungsfähigkeit erstellt. Darüberhinaus ist der Husky ein wunderschöner Hund.

Der Körperbau des Siberian Huskys zeigt Kraft und Ausdauer: Sein Brustkasten ist tief und kräftig, wenn auch nicht breit.

de Rute, wenn der Hund ruhig und gelassen steht.
Fehler: Angedrückte oder eng geringelte Rute; sehr buschige Rute; zu tief oder zu hoch angesetzte Rute.

Vorderhand
Schulter: Das Schulterblatt gut zurückliegend, Oberarm etwas nach hinten gerichtet und nie senkrecht zum Boden. Muskeln und Bänder straff und gut entwickelt.
Fehler: Steile Schultern; lose Schultern.

Bei einem aufmerksamen Husky ist die Rute aufgerichtet und legt sich leicht, aber nicht geringelt, über den Rücken.

Vorderläufe: In mäßigem Abstand zueinander, parallel und gerade. Ellenbogen eng am Körper. Von der Seite betrachtet sind die Vordermittelfüße etwas nach vorn gerichtet.
Fehler: Schwache Vordermittelfüße; zu schwere Knochen; zu enger oder zu weiter Stand; ausgedrehte Ellenbogen.
Pfoten: Oval, aber nicht lang, von mittlerer Größe, kompakt und gut behaart zwischen den Zehen und Ballen. Ballen dick gepolstert. Pfoten zeigen weder nach innen noch nach aussen.
Fehler: Nachgebende oder gespreizte Zehen; Pfoten zu groß und plump oder zu klein und zart; Zehen eng oder Zehen weit.
Hinterhand: Läufe in mäßigem Abstand zueinander und parallel. Oberschenkel gut bemuskelt und kraftvoll, Knie gut gewinkelt, Sprunggelenke zeichnen sich gut ab und sich bodennah plaziert. Afterkrallen sollen, falls vorhanden, entfernt sein.
Fehler: Gestrecktes Knie; Kuhhessig; zu enger oder zu weiter Stand.

Haarkleid: Doppelt und mittellang, schönes, pelzartiges Aussehen. Nicht so lang, daß die klaren Außenlinien verdeckt werden. Die Wolle ist weich und dicht. Das Fehlen der Unterwolle während des Haarwechsels ist normal.

Fehler: Langes, rauhes, struppiges Haarkleid; zu harsche oder zu seidige Textur; getrimmtes Haarkleid, außer an den erlaubten Stellen.

Farbe: Alle Farben von schwarz bis rein weiß. Vielfalt von Zeichnungen am Kopf üblich, einschließlich auffallender Muster, die bei anderen Rassen nicht zu finden sind.

Dieser Arbeitshusky aus den Niederlanden sieht selbstbewußt aus. Man erkennt das dicke, doppelte Haarkleid. Die Rute wird in elegantem Bogen aufrecht getragen.

Gangart: Schwungvoll und scheinbar mühelos; flink und leichtfüßig. Im Schritt zeigt der Husky, von vorne nach hinten betrachtet, keinen bodenengen Gang. Bei schnellerem Lauf tendieren die Läufe nach und nach zur Mitte hin. Die Läufe bewegen sich parallel. Oberlinie bleibt straff und gerade.

Fehler: Kurze, tänzelnde, unruhige, schwerfällige oder rollende Gangart; kreuzend oder schräg laufend.

Temperament:
Das charakteristische Temperament des Siberian Huskys ist freundlich, sanftmütig, aufmerksam und kontaktfreudig. Er zeigt nicht die besitzbetonenden Eigenschaften eines Wachhundes, noch ist er allzu mißtrauisch gegenüber Fremden oder aggressiv gegenüber anderen Hunden. Von einem erwachsenen Hund darf ein gewisses Maß an Zurückhaltung und Würde erwartet werden. Seine Intelligenz, Lenkbarkeit und sein Eifer machen ihn zum angenehmen Gefährten und willigen Arbeiter.

Ihr Siberian Husky Welpe

Die Auswahl eines Welpen und des Züchters

Einen Wurf von Siberian Huskys zu studieren, kann zu einem eindrucksvollen Erlebnis werden. Welpen sind immer nett, aber diese Pelzknäuel haben so viel Charme, daß man nicht immer einen kühlen Kopf behält. Die Autorin will Ihnen helfen, besonnen zu bleiben, wenn Sie einem Wurf von Siberian Huskys gegenüberstehen. Sie sollen gut informiert Ihre Wahl treffen. Sogar ein Wurf von züchterisch wertlosen, unsozialisierten unterernährten und schlecht gepflegten Huskys ist bis zu einem gewissen Grad reizend. Ein geschultes Auge wird aber die besseren Qualitäten eines fachgerecht aufgezogenen, gut ernährten und mit Liebe umsorgten Wurfs erkennen.

Einen entsprechenden Husky-Züchter zu finden, ist relativ leicht. Suchen Sie nach einem Züchter mit verantwortungsbewußter ethischer Einstellung zu Hunden und mit strenger Bindung an das Zuchtprogramm. Warum so aufwendig suchen, können Sie fragen, warum nicht einfach bei einem Züchter anrufen, der seine Welpen in der Lokalzeitung anbie-

Achten Sie drauf!
Falls Sie ein unregelmäßiges Leben führen müssen, das sich beispielsweise beruflich bedingt täglich oder wöchentlich ändert, dann bedenken Sie, ob das nicht zu Problemen führt. Ein Welpe braucht sein regelmäßiges Futter und seine soziale Einbindung – Liebe, Zärtlichkeit, Beachtung und Umgang mit Menschen – und ganz wichtig, häufiges „Gassigehen“, um zu lernen, daß man seine „Geschäfte“ draußen erledigt. Sobald der Welpe älter ist, kann man toleranter werden.

Sie sollten immer versuchen, wenigstens einen Elternteil des Huskys kennenzulernen, den Sie sich ausgesucht haben. Aussehen und Charakter werden vererbt.

Husky-Welpen sind reizend, aber das ist noch kein Grund, einen Welpen mit nach Hause zu nehmen. Lesen Sie dieses Kapitel sehr sorgfältig, ehe Sie sich für einen Welpen entscheiden.

Husky-Welpen sind zauberhaft. Wundern sie sich nicht, wenn Sie sich in den ganzen Wurf verlieben.

tet? Das wäre doch leichter. Ein Grund neben anderen ist, daß zukünftige Besitzer viele Fragen und Zweifel haben können. Ein kompetenter, renomierter Züchter ist dann die einzige Antwort auf Ihre vielen Fragen und kann Ihnen helfen, Ihre Zweifel zu beseitigen, ob Sie ein Husky-Besitzer werden sollten oder nicht.

Ein guter Züchter wird Ihnen einen Welpen überlassen zu einem fairen Preis, wenn er annehmen kann, daß Sie ein geeigneter Besitzer für seinen Hund sein werden. Einen guten Züchter können Sie immer um Rat fragen. Ein guter Züchter wird auch den Welpen ohne viel zu fragen zurücknehmen, wenn Sie diesen doch nicht für den richtigen halten sollten.

Einen Hund zu besitzen, bedeutet nicht nur Vergnügen, Verantwortung und Verpflichtung spielen einen große Rolle. Es bedeutet nicht nur Annehmlichkeiten, einen kleinen Siberian Husky zu

haben, der im Haus herumkrabbelt, alles anknabbert und bepinkelt. Ein Hund im Haus ist nicht nur eine nette Sache, es gibt vielmehr andere, bessere Gründe für das, was wir insgesamt als Hundehaltung bezeichnen.

Der Züchter, der seine Welpen über die Anzeige der Lokalzeitung loswerden will, ist mehr als besorgt und gierig, Ihnen einen Welpen zu verkaufen. Er ist zwar nicht weit entfernt, aber wird Sie kaum fragen, weshalb Sie einen Welpen von ihm haben wollen, in welche Umgebung er kommt, ob Sie genug Zeit für ihn haben etc. Anders als der profunde Züchter, der seine Hunde vor Augen- und Hüftleiden schützt („frei von Hüftgelenksdysplasie, Grauen Star, PRA usw.“) hat der Züchter aus der Lokalzeitung wenig oder keine Kenntnisse von derartigen Leiden. Er wird auch nicht da sein, wenn Ihr armseliger, mangelhaft aufgezogener Welpe um Mitternacht anfängt zu jaulen und zu erbrechen. Einen guten Züchter zu finden, ist also der erste Schritt zum Besitz eines Huskys.

Achten Sie drauf?

Ihr Welpe sollte in gutem Futterzustand sein, aber keinen aufgeblähten Bauch haben, denn das könnte auf Würmer oder falsche Fütterung hindeuten. Der Körper sollte sich fest anfühlen. Die Bauchhaut sollte blaßrosa und glatt sein, ohne Zeichen von Hautausschlag und ohne Schrammen. Schauen sie bei den Hinterbeinen nach, ob die Afterkrallen entfernt wurden, falls solche vorhanden waren.

Selbstverständlich sind renomierte Züchter der Rasse der Huskys verpflichtet und ebenso der Entwicklung eines hohen Standards. Husky-Interessenten sollten also kein Problem haben, einen Züchter mit gutem Ruf zu finden, der nicht gerade am anderen Ende des Landes oder gar in einem anderen Land wohnt.
Der VDH (Verein für das deutsche Hundewesen) kann Ihnen gute Züchter von Siberian Huskys nennen, ebenso eventuell ein örtlicher Hundezuchtverein. Zukünftigen Besitzern sei auch geraten, eine Hundeschau zu besuchen, um Huskys in Aktion zu beobachten, um Züchter und Händler zu treffen und um zu sehen, wie Huskys aussehen und nicht nur durch die Linse eines Fotografen. Sofern dort Besitzer mit ihrem Hund nicht gerade beschäftigt sind, werden auch sie gerne Fragen beantworten, Zuchtstätten nennen und Ratschläge geben.
Wenn Sie nun mit Züchtern in Kontakt gekommen sind und meinen, den richtigen Husky für Ihre Wünsche gefunden zu haben, dann schauen Sie sich die Welpen an. Whoa! Das ist ein „Musher-Ausdruck“ und bedeutet so viel wie „langsam, bleib ruhig!“. Aber, lieber erwartungsvoller Husky-

Wußten Sie schon?

Zwei wichtige Dokumente, die Sie vom Züchter bekommen, sind die Ahnentafel des Hundes und sein Impfpaß. Aus dem Impfpaß geht hervor, daß die vom VDH vorgeschriebene Grundimmunisierung gegen die wichtigsten Infektionskrankheiten erfolgt ist. Der Züchter wird Ihnen auch sagen, wann Sie den Hund zur Nachimpfung beim Tierarzt vorstellen müssen.
Die Ahnentafel ist ein Dokument das nicht nur die Abstammung des Hundes, die Prüfungen, die Gesundheit und das Aussehen seiner Vorfahren wiedergibt, sondern auch ein Dokument das bescheinigt, daß Ihr Welpe nach den Richtlinien des VDH aufgezogen wurde. Welpen ohne Ahnentafel oder mit dubiosen ausländischen Papieren sollten Sie nicht kaufen, da damit zu rechnen ist, daß der niedrigere Preis des Hundes sich für den „Züchter“ durch Einsparungen bei der Gesundheitsfürsorge der Elterntiere und der Aufzucht der Welpen doch nicht rechnet.

Egal wie sehr Sie sich wünschen, so bald wie möglich einen Husky zu besitzen, kaufen Sie nicht den Erstbesten. Schauen Sie sich gut um, bis Sie den passenden Hund gefunden haben.

Auffallend sind die verschiedenen Fellmarkierungen bei vielen jungen Welpen.

Interessent, Top-Züchter haben meistens lange Wartelisten. Es kommt vor, daß man bis zu zwei Jahre auf seinen Welpen warten muß. Wenn Ihnen das zu lange dauert, dann müssen Sie weiter nach guten Züchtern suchen, aber übereilen Sie nichts, lassen Sie sich Zeit! Wenn ein Züchter keine Warteliste hat und den Welpen ohne Rückfragen an Sie abgibt, dann gehört er wahrscheinlich nicht zu den gefragtesten Züchtern. Dann warten Sie lieber, bis Sie einen Welpen aus einer renomierten Zucht bekommen. Wenn Sie sich einen Wurf von Siberian

Wählen Sie einen gesunden Hund aus. Sie brauchen keinen „Show"-Hund, es sei denn, Sie möchten ihn ausstellen.

Huskys anschauen, dann achten Sie vor allem auf ein freundliches, entgegenkommendes Wesen. Eigentlich sind sie alle so, aber es kann auch mal ein Welpe mit scheuem Wesen darunter sein, der mit den anderen nicht so mithalten kann. Huskys sind Rudeltiere und beginnen im Alter von etwa vier Wochen, sich einen Platz in der Rangordnung zu sichern. Ab etwa der fünften Lebenswoche kann man im allgemeinen den Wurf besichtigen und ab der achten Lebenswoche wechseln sie zumeist schon aus ihrer vertrauten Umgebung in ihr neues Zuhause. Züchter, die ihre Welpen früher abgeben, interessieren sich wahrscheinlich mehr für Ihr Geld, als für das Wohl ihrer Welpen.

Welpen müssen die arteigenen Lebensregeln von ihrer Mutter lernen. Mindestens bis zur achten Lebenswoche bringt sie ihren Kindern bei, was sie tun oder lassen sollen. Gute Züchter sozialisieren ihre Welpen auch schon soweit, daß sie lernen, mit anderen Lebewesen umzugehen, speziell mit Menschen. Aufgrund der langen geschichtlichen Vergangenheit von Hunden und Menschen mit-

Wußten Sie schon?

Seien Sie nicht erstaunt, wenn der Züchter, von dem Sie einen Welpen kaufen möchten, eine Reihe von persönlichen Fragen an Sie richtet. Er möchte nur sicher sein, daß sein Welpe in gute Hände kommt.

das alles nicht! Wenn sie eine Möglichkeit finden, abzuhauen, dann tun sie es, alle beide, ob Rüde oder Hündin.
Die Farbe von Husky-Welpen ist weniger wichtig. Ihre Abzeichen können sehr auffallend sein, sie wachsen mit dem Älterwerden mit und können sich

Achten Sie drauf!
Wenn man nicht genügend Zeit für Zuwendung und Fürsorge für den Welpen aufbringen kann, dann entbehrt er das und leidet, vor allem wenn er sich die meiste Zeit selbst überlassen bleibt oder gar von einem überforderten und frustrierten Besitzer weggesperrt wird. Eine gute Vorbereitung auf die Ankunft Ihres Welpen ist daher für beide gut, für Sie und Ihren Hund. Je mehr Sie über sein Wesen und seine Bedürfnisse wissen, desto mehr wissen Sie auch, was auf Sie zukommt und wie man einen Welpen aufzieht, behandelt und pflegt. In Erwartung des Welpen und solange er noch „neu" ist, will jedes Familienmitglied alles für ihn tun. Vor allem Kinder verprechen viel Gassigehen, regelmäßiges füttern, saubermachen usw. Aber manchmal wird das nur zu bald vergessen und das Ganze bleibt an Ihnen hängen.
Es darf niemals vergessen werden, daß die Bindung zwischen Ihnen und dem Welpen oft ein ganzes Hundeleben lang hält und Sie die Möglichkeit haben, den Hund zu erziehen und zu prägen.

einander, gibt es seit jeher eine natürliche Bindung zwischen ihnen, die aber immer wieder neu gefestigt werden muß. Bei den Siberian Huskys ist die enge Bindung zu Menschen besonders deutlich und man weiß, daß einst die Tschuktschen ihre Hunde zusammen mit den Kindern großzogen. Ein guter Husky-Welpe mit bereits ausgeprägtem Sozialverhalten möchte nichts lieber, als mit seinen Menschen nahe zusammenzusein und er tut alles, um seinem Menschen zu gefallen.
Was ist für den künftigen Husky-Besitzer noch wichtig? Die meisten Züchter meinen übereinstimmend, das Geschlecht des Hundes sei unwichtig. Manche glauben, daß Hündinnen anhänglicher sind und daß Rüden eher weglaufen. Und man erzählt Ihnen, daß sie wegen läufigen Hündinnen abhauen. Die Huskys betrifft

verändern. Es gibt auch rein weiße Welpen, sie sind ebenso gut wie Welpen mit anderen Farbkombinationen. Manche Züchter empfehlen, einen älteren Welpen zu nehmen, etwa vier bis sechs Monate alt. Sie halten oft auch Welpen zurück, um sie eventuell auf Zuchtschauen auszustellen und geben sie erst ab, wenn sie sich nicht qualifizieren konnten. So ein Hund ist natürlich schon gut sozialisiert, reinlich und äußerlich so nobel, wie es ein älterer Welpe nur sein kann.

Die Pflichten eines Hundehalters

Nachdem nun alle wichtigen Fragen geklärt werden konnten, haben Sie sich einen Siberian Husky mit den Eigenschaften ausgesucht, die Sie von Ihrem Hund erwarten und der zu Ihrer Familie und zu Ihrem Lebensstil paßt.

Sie haben einen verantwortungsvollen, zuverlässigen Züchter gefunden, der Siberian Huskys mit besten Eigenschaften züchtet und der Ihnen verläßlich zur Seite steht, wenn Sie und Ihr Welpe sich für das gemeinsame Leben aneinander gewöhnen. Als Sie den Wurf beobachteten, konnten Sie schon die Lebhaftigkeit von einem Rudel Welpen und ihre Persönlichkeiten erkennen und haben dabei vielleicht sogar den Einen gefunden, der genau zu Ihnen paßt. Aber auch wenn Sie den Husky-Welpen Ihrer Träume dabei noch nicht finden konnten, kann Ihnen das Beobachten der Welpen helfen, vieles über ihr Verhalten und über die Verschiedenartigkeit ihres Wesens zu lernen. Sie werden bald erkennen lernen, welche die „Chefs" im Rudel sind und welche sich mehr zurückhalten, welche zutraulich, verspielt und freundlich sind und welche eher aggressiv und streitlustig reagieren. Sie lernen zu erken-

Achten Sie drauf!
Als Familienmitglied würden wir eine Husky-Hündin empfehlen, da der angeborene Mutterinstinkt auf größere Geduld im Umgang mit anderen Lebewesen schließen läßt. Die zweimal im Jahr auftretende Läufigkeit bedeutet kein großes Problem, da Hündinnen sich meistens selbst sehr sauber halten. Sie müssen nur während der Hitze besonders gut auf die Hündin aufpassen.

Dieses wunderschöne Husky-Pärchen hat fast die gleiche Fellzeichnung.

Siberian Huskys gelten als eine der freundlichsten Hunderassen überhaupt. Diese fröhlichen Welpen können Sie sicher davon überzeugen.

nen, wie ein gesunder Welpe aussieht und wie er sich benimmt. Das alles wird Ihnen helfen, den richtigen Welpen zu finden, den richtigen Welpen zu finden und möglichst viele Welpen zu beobachten – das sind wichtige Schritte, um ein informierter Hundehalter zu werden.

Wußten Sie schon?

Manche Züchter bieten Ihnen für Ihren Welpen eine Versicherung an. Das ist sicherlich eine gute Idee. Für die ersten Wochen kann sie prämienfrei sein oder nur sehr wenig kosten. Eine Versicherung ist zu empfehlen, denn Tierarztkosten sind oftmals sehr hoch.

Allerdings werden Impfungen und Stärkungsmittel meist von den Versicherungen nicht erstattet.

Sicherlich ist die Anschaffung eines Hundes eine Kostenfrage, aber Sie sollten nicht den günstigsten Welpen kaufen, denn sonst kann es sein, daß spätere Tierarztrechnungen höher sind als der Anschaffungspreis eines guten Welpen.

Nach all dem gesagten scheint der Aufwand groß zu sein, noch ehe Sie überhaupt einen Welpen im Haus haben. Aber Sie müssen viel bedenken und wissen, ehe Sie entscheiden, was für einen Hund Sie haben möchten. Auch über seine Herkunft sollten Sie soviel wie möglich in Erfahrung bringen. Ein Welpenkauf ist nicht irgendein beiläufiger Erwerb, sondern es ist fast so, als würden Sie die eigene Familie aussuchen. Vielleicht erscheint Ihnen zunächst der Welpenkauf als nette, lustige Sache, die man nicht zu ernst nehmen sollte, und die auch nicht zuviel Zeit und Mühe kosten darf. Aber

Sie mögen zwar aussehen wie Kuscheltierchen, aber Welpen sind Lebewesen, die Zuwendung, Liebe und Fürsorge brauchen.

Ihr Welpe ist kein Kuscheltier oder Schmuckstück, sondern soll ein Familienmitglied werden. Seien Sie sicher: Der Spaß wird beginnen, wenn Ihr Welpe ins Haus kommt!

Ein Welpe ist ein Pelzkind, ein Baby, das eigentlich in der Welt der Menschen hilflos ist. Ein Welpe ist seinem Besitzer ausgeliefert und muß darauf vertrauen, daß dieser ihn mit allem versorgt, was für einen kleinen Hund nötig ist: Wasser, Futter und Heimstatt. Er braucht Fürsorge, Schutz, Liebe und Führung. Wenn Sie nicht bereit sind, ihm all das zu geben, dann fehlt Ihnen die Eignung zum Hundehalter.

Wie schwierig kann das schon sein – mögen Sie sagen – alle meine Nachbarn halten Hunde und die scheinen alle zufrieden zu sein. Warum sollte ich mir also Sorgen machen? Sicher, Sie müssen sich auch keine Sorgen machen, wenn Ihr Husky in sein neues Zuhause bei Ihnen kommt und ganz natürlich seinen Platz in der Familie findet. Aber es schadet auch nicht, auf die Schwierigkeiten, die bei der Hundehaltung auftreten könnten, hinzuweisen. Mit etwas Zeit und Geduld ist es auch nicht zu schwer, einen neugierigen, quirligen Husky-Welpen zu einem gut angepaßten erwachsenen Hund mit guten Manieren zu erziehen, einem Hund, der Ihr bester Freund sein soll.

Der eigene Platz für Ihren Hund

Den richtigen Züchter und Ihren Wunschund zu finden, ist noch nicht alles, was Sie tun müssen, ehe Sie Ihren Siberian Husky Welpen nach Hause holen können. Sie müssen auch einen eigenen Platz für ihn vorbereiten, so wie Sie ein Kinderzimmer für ein Neugeborenes herrichten müßten. Sie sollten einen Platz bestimmen, der nur ihm gehört. Wie Sie das tun, hängt davon ab, wieviel Freiraum Sie ihm zugestehen. Soll er in einem Raum oder in einem Teil Ihres Hauses bleiben oder kann er sich überall aufhalten? Wird er mehr im Haus gehalten oder soll er draußen bleiben? Wie Sie das auch regeln möchten: Sie müssen sicherstellen, daß er einen Platz hat, der nur

Achten Sie drauf!

Suchen Sie sich keinen Welpen aus, der schlecht ernährt und krank aussieht, der furchtsam oder nervös erscheint. Aber auch ein schüchterner Welpe wird nach einiger Zeit seine Vorsicht überwinden, neugierig werden und zu Ihnen kommen.

für ihn bestimmt ist, der eben „sein Platz“ ist.

Ihr Zuhause wird nun auch sein Zuhause sein. Natürlich kaufen Sie Ihren Welpen nicht, damit er Ihr Haus beherrscht, aber er muß sich in seiner neuen Umgebung wohlfühlen können, wenn er ein anpassungsfähiger, wesensmäßig stabiler Hund werden soll. Denken Sie daran, daß er die Wärme und Geborgenheit bei seiner Mutter und bei seinen Geschwistern verloren hat und die Vertrautheit mit dem Ort, den er kannte. Machen Sie ihm den Wechsel in Ihr Haus so leicht wie möglich. Zeigen Sie ihm, daß er in der merkwürdig

Wußten Sie schon?

Die Wahl eines Welpen hängt auch von der Frage ab, ob es ein „Show-Hund“, ein Ausstellungshund oder nur ein guter Begleiter im täglichen Leben sein soll. Es ist Ihre Wahl. Auf jeden Fall soll er ein gutes Wesen haben. In den beiden VDH-Clubs wird der Husky in erster Linie für den Schlittenhundesport gezüchtet. Das ist sein eigentlicher Aufgabenbereich, dem er mit viel Spaß nachgehen wird. Kaufen Sie nicht bei einem Züchter, der nur auf körperliche Vollkommenheit züchtet, auf Kosten der Persönlichkeit des Hundes.

Ein Familienportrait. Die Hündin hat ihre Schönheit auf ihre Nachkommen vererbt.

fremden, neuen Umgebung willkommen ist. Für einen jungen Welpen ist es beängstigend, so plötzlich in einen neue Umgebung zu kommen. Er wird sich wie ein kleines Kind in der gleichen Situation fühlen. Sie müssen ihn also beruhigen und ihm zu verstehen geben: „Kleiner Kerl, du sollst es hier gut haben!".

Achten Sie drauf!
Ein Züchter gibt seine Welpen kaum vor der achten bis zehnten Lebenswoche ab. Das ist das übliche Alter für die meisten Hunderassen, ausgenommen kleine Schoßhunde, die wegen ihrer geringen Größe erst mit etwa zwölf Wochen groß genug sind, um den Wechsel in eine neue Umgebung zu verkraften. Welpen, die erst nach der zehnten Lebenswoche oder später abgegeben werden, sind bereits gut erzogen und sozialisiert.

Was Sie für Ihren jungen Hund brauchen?

Box

Eine Box ist sehr nützlich und hat ihre Vorteile. Diejenigen, denen der Nutzen einer Box für die Hundeerziehung noch wenig oder gar nicht bekannt ist, denken vielleicht, daß es eine Strafe für den Hund wäre, in eine Box gesperrt zu werden, aber das ist nicht der Fall. Eine Box ist keine Grausamkeit, sondern hat viele Vorteile für Ihren Hund. Eine Box bietet ihm zum Beispiel während einer Reise die nötige Sicherheit, zu Hause ist sie eine Rückzugsmöglichkeit zum Schlafen oder eben nur mal zum Ausruhen, wenn er für sich alleine sein möchte. Viele Hunde schlafen auch nachts gerne in ihrer Box, wenn sie mit einer Decke weich ausgelegt ist und wenn sein Lieblingsspielzeug darin liegt. Dann ist sie sozusagen seine „Höhle", in die sich einst auch seine Vorfahren zuückzogen, um Ruhe zu finden. Sie müssen die Box nur etwas komfortabler ausstatten, als eine Höhle mit Laub und Reisig.

Im Handel gibt es zwei Arten

Beobachten Sie einen Wurf junger Welpen, dann können Sie das Verhalten von Hunden im Rudel erkennen.

Boxen aus Fiberglas, wie hier oder auch aus Holz sind üblich, wenn Ihr Hund auf eine Reise geht.

von Boxen: Boxen aus Drahtgeflecht oder Boxen aus Fiberglas – beide haben ihre Vor- und Nachteile. Eine Box aus Draht ist offener, bietet besseren Luftaustausch und mehr Sicht für den Hund, der – und besonders der Husky – immer gern wissen möchte, was um ihn herum vorgeht. Er möchte freie Sicht haben und nicht von den Geschehnissen um ihn herum ausgeschlossen sein. Eine Drahtbox ist also für zu Hause besser geeignet. Eine Fiberglasbox dagegen ist handfester und geeigneter für Bahn- oder Luftreisen.

Auch über die Größe der Box sollte man nachdenken. Welpen bleiben nicht für immer Welpen, sie wachsen förmlich vor Ihren Augen und eine kleine Box wird Ihnen deshalb nicht lange genügen, außer Sie haben das Geld und den Wunsch, mehrmals mit der zunehmenden Größe Ihres Husky eine neue Box zu kaufen. Besser ist es, sie gleich so groß zu kaufen, daß sie auch noch für Ihren erwachsenen Husky ausreicht. Für einen erwachsenen Husky sollte die Box recht groß sein, sein Gewicht kann, je nach Alter und Größe, zwischen 16 und 27 kg liegen.

Wußten Sie schon?

Um den Welpen zur nächtlichen Stubenreinheit zu erziehen, sollten Sie, wie schon gesagt, seinen Aktionsradius einschränken. Stubenreinheitstraining basiert auf der Tatsache, daß ein Hund nicht gerne seinen Schlafplatz beschmutzt, so daß es nicht effektiv ist, den Welpen nachts im ganzen Schlafzimmer laufen zu lassen. Er kann dann ein Ende des Raums beschmutzen und sich zum Schlafen weit genug von seinen Ausscheidungen entfernen. Es ist günstiger, ihm ein Körbchen mit Spielzeug und weichen Decken anzubieten. Wenn der kleine Husky wächst, muß das Körbchen mitwachsen. Es braucht am Anfang eine Menge Aufmerksamkeit und viel Geduld. Wenn Sie jedoch die Zeit investieren und darauf vorbereitet sind, eventuell einige Nächte nicht durchschlafen zu können, wird Ihr Welpe jedoch bald ruhig und friedlich schlafen.
Wenn Sie mit Ihrem Hund auf Reisen gehen, können Sie Ihren Hund in einer Box unterbringen. Diese sollte nicht zu groß und nicht zu klein sein.

Sie können zwischen verschiedenen Boxengrößen wählen, zu entsprechend verschiedenen Preisen.

Decken

Eine oder zwei Decken in der Box werden diese für Ihren Husky gemütlich machen. Die Decken sind Ersatz für Laub und Zweige, mit denen seine Vorfahren in der Wildnis ihre Höhlen auslegten. Zwar liegen zwischen Ihrem Husky und seinen wilden Vorfahren Jahrtausende, aber der Instinkt, sich eine Höhle zu bauen, ist den Hunden geblieben. Außerdem schläft Ihr Husky, ehe Sie ihn abholen, in der Wärme zwischen den Körpern seiner Mutter und seiner Geschwister. Wenn auch Decken kein Ersatz für körperliche Wärme sein können, so geben Sie doch auch Wärme und etwas zum Kuscheln. Die Decken müssen oft gewaschen werden. Geben Sie Ihrem Hund auch eine neue Decke, wenn er die alte zerrissen hat, oder wenn sie lumpig geworden ist.

Spielzeug

Manches Spielzeug wird von Ihrem Hund heiß geliebt, vor allem, solange er Welpe oder Junghund ist. Welpen sind Kinder der Hundewelt und welches Kind liebt sein Spielzeug nicht?

Gegenstände zum Kauen und Benagen sind wichtig und für die gesunde Entwicklung seines Gebisses förderlich und sie helfen beim Zahnen. Spielzeug zum Benagen ist nicht nur für Ihren Welpen eine Freude, sondern auch für Sie! Ihr Welpe wird seltener angeregt sein, Ihre teuren Schuhe oder das Ledersofa zu zerbeißen. Ihre ganzen häuslichen Besitztümer, angefan-

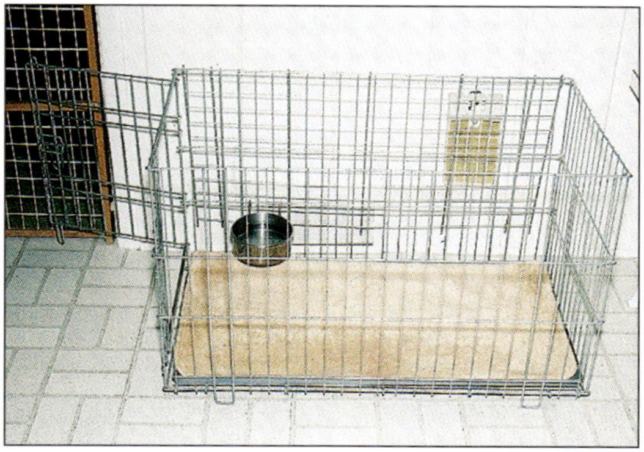

Eine Box ist wichtig für die Erziehung Ihres Huskys. Für das Haus eignet sich vor allem eine Box aus Drahtgeflecht. Ihr Hund kann so alles beobachten und fühlt sich nicht allein.

Zum Eingewöhnen in der neuen Heimat ist eine Box sehr wichtig.

Wußten Sie schon?

Wenn Sie Ihren Welpen im Auto vom Züchter abholen, dann kann das für Sie beide zu einem nicht ganz ungetrübten Ereignis werden. Ihr Welpe wird aus seiner warmen, fröhlichen und vertrauten Heimat in eine völlig andere Umgebung im Auto verfrachtet, die sich zudem während der Fahrt noch ständig verändert. Machen Sie sich auf Pfützchen, Häufchen, Jaulen und Wimmern gefaßt. Aber mit viel Liebe und Geduld werden Sie ihn beruhigen können und in seinem neuen Zuhause wird der Streß bald vergessen sein.

Wenn mehrere Hunde zusammen sind, brauchen Sie für jeden seine eigene Box. Ihr Hund muß bei jeder Fahrt sicher untergebracht werden. Also bitte: Immer nur ein Hund in einer Box!

Achten Sie drauf!
Die meisten Probleme, die bei fast allen Welpen auftreten, verlieren sich mit dem Älterwerden. Wie Sie aber mit solchen Problemen umgehen, ist bestimmend, wie gehorsam er als erwachsener Hund sein wird. Von Anfang an muß feststehen, wer der Boß ist – hoffentlich doch Sie! Der Ausgang der ersten Auseinandersetzung mit Ihrem Hund kann für das weitere Zusammenleben bestimmend sein .

Ihr Husky braucht Spielzeug an seinem Ruheplatz. Es ist sein persönlicher Besitz, mit dem er sich beschäftigen kann.

gen vom antiken Schrank bis zur Orientbrücke sind feine Nagespielzeuge in den Augen Ihres Welpen. Er wird alles entdecken, in dem er, im wahrsten Sinne des Wortes, seine kleinen Zähne vergraben kann. Stofftiere können seine Mitbewohner in seinem Korb oder in seiner Box sein. Allerdings könnte es sein, daß es nicht lange dauert, bis er auch sie zernagt. Achten Sie jebenfalls darauf, daß die Stofftiere keine Plastik- oder Glasaugen haben oder andere harte Teile, die er verschlucken könnte. Besonders beliebt sind quietschende Spielzeuge. Mancher Hund kommt aus dem entferntesten Winkel des Hauses angerannt, wenn er das Quietschen seines Spielzeugfreundes hört. Aber auch dessen Innenleben kann Ihrem Welpen gefährlich werden, wenn er es verschluckt. Kontrollieren Sie alle seine Spielsachen regelmäßig, ob sie nicht schon so zernagt sind, daß sie Ihrem Welpen gefährlich werden können.
Vermeiden Sie echte Knochen, sie zersplittern leicht in scharfe Teile. Auch Leder wird zernagt, quillt im Magen auf und kommt als Lederbrei wieder ans Tageslicht und vielleicht auf Ihren Teppich.

Die Leine

Eine Nylonleine ist wahrscheinlich die beste Wahl. Sie ist äußerst widerstandsfähig gegen kleine Welpenzähne, falls Ihr kleiner Husky ein „Leinenbeißer“ sein

sollte. Natürlich sollte man das Leinenbeißen von Anfang an unterbinden. Aber falls Ihr Welpe es doch einmal tut, dann hat er wenig Möglichkeit, eine Nylonleine durchzubeißen. Nylonleinen sind außerdem sehr leicht. Das ist gut für einen jungen Siberian Husky, der gerade lernt, an der Leine zu gehen. Für den täglichen Spaziergang und weil sie die sicherste ist, ist eine Leine aus Nylon eine gute Wahl. Wenn Ihr Hund älter geworden ist und gewohnt ist, brav an der Leine zu gehen, können Sie es auch mit einer flexiblen Leine versuchen.
Bei einer flexiblen (Roll-Automatik-Leine) Leine läßt sich die Länge verändern, je nachdem, ob Sie

Wußten Sie schon?
Es gibt eine Vielzahl von Hundespielzeug und der größte Teil sieht aus, als würde es einem Hund viel Spaß bereiten damit zu spielen. Seien Sie jedoch vorsichtig bei der Auswahl des Spielzeugs Ihres Welpen. Es ist erstaunlich, was Welpenzähne einem Spielzeug antun können. Somit muß Ihr Hauptaugenmerk auf die Sicherheit gerichtet sein. Kaufen Sie die haltbarsten Produkte, die Sie finden können. Dies ist besonders wichtig für eine Rasse wie den Husky, der starke Zähne und Kiefer hat. Gedrehte Baumwollknoten und Büffelhaut-Spielsachen sind sicher und viele von ihnen werden in verschiedenen Geruchsrichtungen angeboten, mit denen sich Ihr Husky gerne beschäftigen wird.

Es gibt ein großes Angebot von stabilen Spielsachen zu Übungszwecken oder auch nur zu Bewegungsspielen.

Ihrem Hund mehr Bewegungsfreiheit lassen wollen oder kurz nehmen möchten. Es gibt auch spezielle Leinen für Trainingszwecke und Spezial-Ledergeschirre für Schlittenhunde, die für den täglichen Ausgang nicht nötig sind. Falls Ihr Siberian Husky sehr stark an der Leine zerrt, wäre eine dickere, stärkere Lederleine zu empfehlen.

Achten Sie drauf!
Es wird mindestens zwei Wochen dauern, bis sich Ihr Welpe an seine neue Umgebung gewöhnt hat. Geben Sie ihm viel Liebe, Aufmerksamkeit und häufig die Möglichkeit, sich draußen zu erleichtern. Geben Sie ihm ein Futter das er mag und stets frisches Wasser.

Das Halsband

Wenn Sie Ihren Welpen mit einer Erkennungsmarke versehen wollen, dann wird diese am Halsband angebracht, das er jetzt immer tragen sollte. Ein Nylon-Halsband ist günstig für den Welpen. Es muß so eng anliegen, daß der kleine Kerl sich nicht herauswinden kann, aber seine Kehle darf auch nicht eingeschnürt sein. Der Spielraum zwischen Hals und Halsband muß mindestens ein bis zwei Finger breit sein. Ihr Welpe muß sich natürlich erst an das Halsband gewöhnen, aber nach einiger Zeit wird er es gar nicht mehr bemerken.

Würgehalsbänder sind für das Training gedacht und sollten nur von jemanden verwendet werden, der genau weiß, wie man damit umgeht. Ein stärkeres Halsband ist nötig, wenn Sie eine stärkere Lederleine oder eine Führkette verwenden.

Es gibt im Handel ein großes Sortiment von Halsbändern und Leinen in allen Größen und für jeden Geldbeutel.

Futter- und Wasserschüsseln

Ihr Hund braucht eine Schüssel für sein Futter und eine Schüssel für Wasser. Falls Ihr Hund sich vorwiegend draußen aufhält, müßte er zwei weitere Schüsseln dort haben.

Schüsseln aus Edelstahl oder robuste Plastikschüsseln sind allgemein die besten. Stahlschüsseln haben noch den Vorteil, daß man

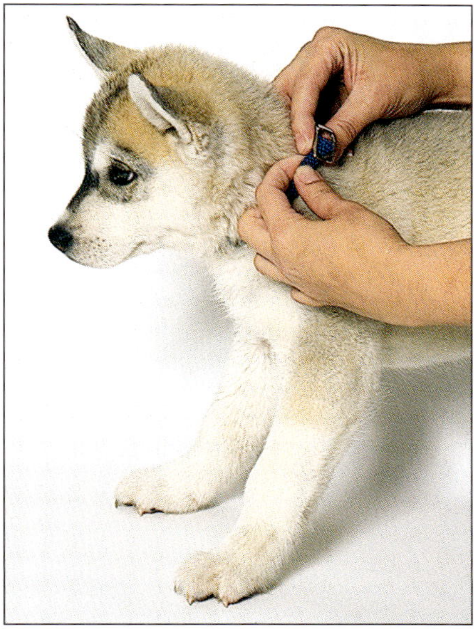

Putzutensilien

Solange Ihr Welpe noch nicht stubenrein ist, müssen Sie eine menge Putzarbeit leisten! Unfälle kommen vor, solange er es noch nicht besser weiß. Alles was Sie zunächst tun können, ist: Saubermachen! Putzlappen, alte Handtücher, Zeitungspapier, Papiertücher und eventuell für danach Desinfektionslösungen sollten Sie immer parat haben.

Das erste Halsband sollte eine Schnalle haben, damit man die Marke mit Namen, Adresse und Telefonnummer einhängen kann.

„Was Hänschen nicht lernt, lernt Hans nimmermehr" trifft nicht immer zu, aber es ist leichter, einem jungen Hund etwas beizubringen, als einem alten.

sie, falls nötig, durch kochendes Wasser keimfrei machen kann. Es gibt für Wasser- und Futterschüsseln auch spezielle Ständer, damit sich der Hund beim Fressen nicht so weit abwärts beugen muß. Das könnte bei Schäden an der Wirbelsäule, bei Blähungen oder Magendrehungen nötig sein.

Es ist also gut, wenn Sie die Wasser- und Trinknäpfe in einen speziellen Ständer stellen, damit Krankheiten wie oben genannt, gar nicht erst auftreten können. Wichtig ist aber wiederum, daß die Schüsseln so rubust sind, daß er sie nicht nach und nach auffressen kann.

Was brauchen Sie noch?

Die zuvor besprochenen Dinge sind notwendig. Darüberhinaus werden Sie noch das eine oder andere mehr brauchen, zum Beispiel Pflegemittel, Insektenschutzmittel, Bürsten usw.

Schüsseln und Futternäpfe für Hunde gibt es aus Edelstahl, Kunststoff oder auch aus Steingut.

Im Fachhandel gibt es eine breite Palette von Futter- und Wassernäpfen. Überlegen Sie, ob Sie nicht je zwei Schüsseln für drinnen und draußen kaufen sollten.

Machen Sie Ihr Haus Welpensicher!

Machen Sie es Ihrem Welpen nicht nur angenehm, überprüfen Sie Ihr Haus auch genau, ob er überall sicher ist. Das heißt, daß er nirgendwo hingelangen kann, wo er nicht sein darf und das nichts in seiner Reichweite ist, woran er schnüffeln oder gar nagen kann. Diese Vorsicht ist angebracht, damit nicht nur er vor Unheil bewahrt wird, sondern damit auch Ihre Habseligkeiten vor dem Ruin bewahrt bleiben.

Alles Zerbrechliche sollte aus der Reichweite Ihres Welpen verschwinden, wenn Sie ihm „freie Fahrt“ durch Ihr Haus gewähren. Falls er sich nur in einem bestimmten Bereich aufhalten darf, dann bringen Sie auch von dort alle gefährlichen Gegenstände in Sicherheit. Ein elektrisches Kabel zum Beispiel kann gefährlich werden, wenn Ihr Welpe beschließen sollte, es einer eingehenden Untersuchung zu unterziehen. Wer könnte ihn davon überzeugen, daß so ein Kabel kein prächtiges Spielzeug ist? Kabel sollten unter Verputz liegen oder an der Wand befestigt sein. Auch wenn Ihr Welpe in seiner Box ist, sorgen Sie bitte dafür, daß nichts in der Nähe ist, was er mit seiner neugierigen kleinen Nase oder mit seinen Pfoten durch das Gitter hindurch erreichen kann. Bewahren Sie auch alle Haushaltsreiniger, Chemikalien und Arzneimittel so auf, daß sie

sicher vor ihm sind. Ebenso wichtig ist es, daß Sie außerhalb Ihres Hauses dafür sorgen, daß alles gegen ihn abgesichert ist. Zwar sollte Ihr Welpe ohnehin nicht unbeaufsichtigt draußen sein, aber er wird dort die Freiheit genießen, sich austoben zu können. Lassen Sie sich durch einen Zaun nicht in Sicherheit wiegen, Sie würden überrascht sein, wie ausdauernd und intelligent er am Zaun nach einer schwachen Stelle sucht, die er untergraben kann, um sich dann durchzuzwängen, oder den er überspringen oder überklettern kann. Das beste Mittel dagegen ist eine entsprechende Zaunhöhe und er sollte gut in das Erdreich abgesenkt sein. Jede Lücke muß sofort repariert werden. Kontrollieren Sie den Zaun regelmäßig auf eventuelle Schäden. Ein entschlossener Hund wird an einer Stelle so lange arbeiten, bis er hindurchkommt.

Der erste Besuch beim Tierarzt

Also, Sie haben sich Ihren Welpen ausgesucht, Ihr Haus und Ihre Familie sind für ihn bereit, Sie müssen Ihren Husky-Welpen nur noch beim Züchter abholen und der Spaß kann beginnen. Langsam! Sie müssen auch noch den ersten Besuch beim Tierarzt vorbereiten. Vielleicht kennt Ihr Züchter einen Tierarzt, der bereits mit Siberian Huskys Erfahrung hat, oder andere Husky-Besitzer können Ihnen einen Tierarzt empfehlen. Sie sollten auf jeden Fall einen Termin zu einer allgemeinen Untersuchung innerhalb der ersten Tage nach Ankunft des Welpen in Ihrem Haus, vereinbart haben. Diese erste Untersuchung soll sicherstellen, daß es bei Ihrem kleinen Welpen keine gesundheitlichen Probleme gibt, die man allein mit den Augen nicht feststellen kann. Ihr Tierarzt wird dann auch einen Impflan aufstellen. Von Ihrem Züchter erfahren Sie, welche Impfungen Ihr Welpe bereits erhalten hat, so daß der Tierarzt die Termine für die folgenden Impfungen festlegen kann.

Achten Sie drauf!
Viele Pflanzen können für den Hund giftig sein. Wenn Sie Ihren Hund mit einer Pflanze im Maul sehen, dann gehen Sie ganz langsam auf ihn zu, ohne viel Interesse zu zeigen. Sehen Sie ihn dabei möglichst nicht an, aber streicheln Sie ihn und nehmen Sie ihm dabei langsam die Pflanze oder den Pflanzenteil ab. Vielleicht können Sie ihm auch etwas anderes anbieten, dann kann es sein, daß er von selbst die Pflanze fallenläßt.

Das erste Zusammentreffen mit der Familie

Alle im Haus sind begeistert, wenn der kleine Kerl angekommen ist und jeder will ihn streicheln und mit ihm spielen. Aber man sollte sich zunächst etwas zurückhalten und ihm Zeit lassen, damit er nicht überfordert wird. Er wurde zum ersten Mal von seiner Mutter und

Achten Sie drauf!
Es gibt unsichtbare Leinen, batteriebetriebene elektrische Systeme, die in eine breites Lederhalsband eingearbeitet sind. Sie versetzen dem Hund einen in der Stärke variierenden Schock, wenn er sich zu weit entfernt oder nicht auf den Ruf hört. Solche Leinen sind bei uns verboten und dürfen nicht verwendet werden. In besonderen Fällen, wo das Tier schwere Verhaltensprobleme aufweist, die anders nicht in den Griff zu bekommen sind, ist es vielleicht eine Möglichkeit.

seinen Geschwistern getrennt und die Autofahrt zu Ihnen nach Hause war die erste Autofahrt seines Lebens. Sie dürfen ihn jetzt nicht zu sehr mit Ihrer Liebe überfallen, ihn an sich drücken und knuddeln, das würde ihn nur noch mehr verängstigen. Das heißt aber nicht, daß sie ihm nicht den notwendigen menschlichen Kontakt gerade jetzt zukommen lassen sollen, denn zu diesem Zeitpunkt sollte die feste Bindung an die Menschenfamilie begründet werden. Leichtes Streicheln und ruhiges Sprechen werden ihn trösten. Setzen Sie ihn auf den Boden und lassen Sie ihn seine Umgebung entdecken, natürlich unter Ihrem wachsamen Auge! Er wird damit beschäftigt sein und sich vielleicht auch gleich mit der Familie etwas bekannt machen. Jeder, aber immer nur einer, soll sich etwas mit ihm beschäftigen, sich zu ihm niedersetzen, ihn an der Hand schnüffeln lassen und ihn leise streicheln. Er braucht jetzt menschliche Nähe und Aufmerksamkeit und Berührung. Der Welpe entdeckt jetzt viele Dinge zum ersten Mal und alle fast zur gleichen Zeit. Es sind neue Menschen, neue Geräusche, neue Gerüche und neue Gegenstände zu erforschen. Lassen Sie ihn gewähren, behandeln Sie ihn mit Liebe und Freundlichkeit, damit er sich wohlfühlen kann.

Die erste Nacht mit Ihrem Welpen

Sie haben Ihren Welpen in seinem Korb oder in seiner Box sicher nach Hause geholt. Er wurde vom Tierarzt nochmal untersucht, gewogen, entwurmt und ist mit den nötigen Impfungen versehen. Der Züchter übergab Ihnen seine Papiere und nun ist er in seiner neu-

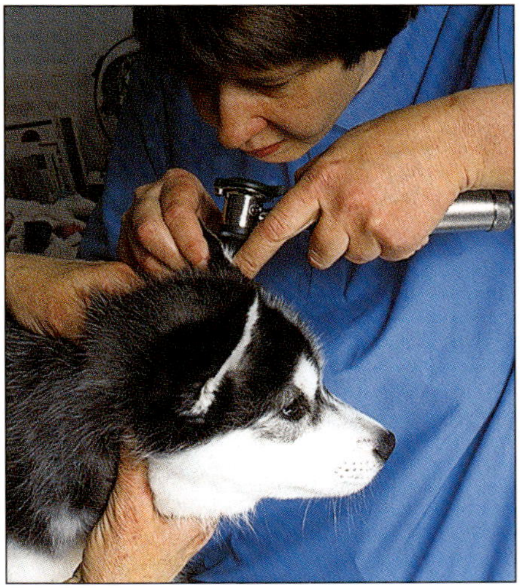

Lassen Sie Ihren Welpen bereits in den ersten Tagen nach seiner Ankunft bei Ihnen, von einem Tierarzt untersuchen.

en Heimat, in seiner zukünftigen Familie, einschließlich der begeisterten Kinder und der etwas weniger erfreuten Katze. Er hat seine neue Umgebung, sein „Plätzchen“, den Garten und alles, wo er sein darf, in Augenschein genommen. Er hat seine erste Mahlzeit bekommen und scheint getröstet und zufrieden. Er hat mehr neue Geräusche gehört, neue Gerüche wahrgenommen, mehr neue Freunde kennengelernt und mehr von der Welt um ihn herum gesehen als jemals zuvor.
Das war sein erster Tag bei Ihnen. Er ist nun erschöpft und reif für sein Bett – so denken Sie vielleicht! Es kommt seine erste Nacht und Sie sagen ihm „Gute Nacht“. Aber es ist seine erste Nacht alleine, seine Mutter und seine Geschwister schlafen nicht mehr an seiner Seite. Er fühlt sich ängstlich, kalt und alleine. Versuchen Sie ihn zu beruhigen. Aber zeigen Sie ihm jetzt kein Mitleid und ertragen Sie sein unvermeidliches Winseln. Sie wollen damit zeigen, wo sie sind und daß man zu ihnen kommen soll. Aber Sie setzen ihn in sein neues Körbchen oder in seine Box und schließen die Türe. Ignorieren Sie sein Winseln, bleiben Sie hart in seinem Interesse! Halten Sie Ihr Herz im Zaum, gehen Sie nicht zu ihm – er wird bestimmt einschlafen.
Manche Züchter empfehlen, ein Stück Stoff an seinen neuen Schlafplatz zu legen, das zuvor einige Tage am Schlafplatz beim Züchter war und nach seinem gewohnten Zuhause und nach seinen Geschwistern und seiner Mutter riecht.
Die erste Nacht kann also einigen Streß bringen, sowohl für Ihren Welpen als auch für seine neue Familie.
Bestimmen Sie von Anfang an, wann Schlafenszeit ist und wann Spielstunde ist und fangen Sie nicht an, womöglich nachts, wenn er unruhig ist, mit ihm zu spielen.

Wie Sie Probleme mit Ihrem Welpen vorbeugen

Da jetzt alle Vorbereitungen und die Eingewöhnung in sein neues Zuhause und seine neue Familie hinter Ihnen und Ihrem Welpen liegen, sollten Sie und Ihr Welpe Freude an Ihrem gemeinsamen Leben haben. Die Sozialisierung Ihres Siberian Huskys gibt Ihnen die Möglichkeit, ihn auch mit entsprechendem Stolz zu präsentieren. Ihr Hund wird es genießen, bewundert und umschmeichelt zu werden, daß man ihn streichelt und lobt. Er wird es einfach wunderbar finden!

Die unangenehmste Nacht für Sie und Ihren Welpen wird die erste Nacht im neuen zu Hause sein.

Nachdem er nun seine neue Familie kennt, sollte er auch andere Menschen und Tiere und neue Situationen kennenlernen. Das hilft ihm, erwachsen zu werden, Ängstlichkeit und Scheu zu überwinden, wenn er Neuem begegnet. Die Sozialisierung begann schon beim Züchter, jetzt müssen Sie ihm weiterhelfen und die Verantwortung für seine Erziehung übernehmen. Die Erziehung während seines ersten Lebensjahres ist besonders schwierig und wichtig, weil während dieser Zeit die Eindrücke aus seiner Umwelt besonders stark auf ihn einwirken. Mangel an Sozialisation kann Ihren Hund mit zunehmenden Alter scheu und aggressiv machen. Er braucht also viel Kontakt mit Menschen, neue Einflüsse und Umgang mit anderen Hunden und Tieren. Gehen Sie besonders sorgsam während der achten bis zehnten Lebenswoche mit ihm um. Man nennt diese Zeit die „Angstperiode".

Während dieser Zeit sollten Sie ihn möglichst beruhigend und freundlich behandeln.

Da Ihr Welpe schon die nötigen Impfungen erhalten hat, können Sie unbesorgt mit ihm ausgehen. Natürlich nur mit der Leine! Zeigen Sie ihm die nachbarliche Umgebung, nehmen Sie ihn mit zu Ihren täglichen Besorgungen, erlauben Sie, daß man ihn streichelt und machen Sie ihn mit anderen Hunden und Tieren bekannt. Welpen brauchen um Freundschaften nicht besorgt zu sein. Nicht wenige Menschen werden mit ihm Freundschaft schließen wollen. Natürlich müssen Sie dabei etwas aufpassen. Kinder zum Beispiel möchten ihn gern begrüßen, das ist gut. Aber manchmal behandeln sie einen Welpen in ihrer übergroßen Liebe und Unkenntnis zu stürmisch, oder ein begeisterter Welpe zwickt spielerisch ein wenig zu stark.

Seine Erlebnisse sollten möglichst positiv sein. Was ein Welpe während seiner Prägungsphase lernt, das wird sich auf seine Reaktionen gegenüber zukünftigen Einflüssen und Begegnungen auswirken. Ein Welpe, der ein schlimmes Erlebnis mit einem Kind hatte, kann zu einem scheuen, aggressiven Hund gegenüber Kindern werden, und

Achten Sie drauf!

Gute Sozialisierung bedeutet nicht nur, neue Menschen kennenzulernen. Ihr Welpe muß auch neue Situationen wie beispielsweise Autofahren, gebürstet werden, Fensehen und deren Geräusche – es gibt unendlich viele Beispiele – kennenlernen. Je mehr Ihr Welpe erlebt und je positiver diese Erlebnisse sind, desto weniger Schrecken und Furcht wird er zeigen, wenn er als erwachsener Hund neuen Einflüssen ausgesetzt wird.

Sie möchten doch, daß er zu jedermann freundlich ist.

Beharrlichkeit bei seiner Erziehung

Hunde sind Rudeltiere. Sie brauchen einen „Leithund“, einen Führer, oder sie werden versuchen, ihr Rudel zu beherrschen. Wenn Ihr Hund in Ihrer Familie zum Rudelführer wird, dann wird er alle beherrschen.
Das unterbewußte Bedürfnis Ihres Welpen nach Dominanz und dazu die Tatsache, daß es fast unmöglich ist, Ihren zauberhaften Siberian Husky Welpen mit seinen Hundeaugen nur anzusehen, ohne

Achten Sie drauf!

Welpen, die alles anknabbern, zwicken oft gerne auch zu. Dies liegt jedoch meist darin begründet, daß sie die Schmerzen, die Ihnen ihr Zahnfleisch bereitet, zu lindern versuchen. Anstatt Sie anzuknabbern, sucht sich der Welpe ausgerechnet Ihren Lieblingsschuh oder mit Sicherheit etwas, das er nun gar nicht anknabbern sollte. Es handelt sich hierbei um ganz normale Verhaltensmuster, die nicht abgeschafft, sondern in die richtige Richtung gelenkt werden müssen. Ihr Welpe muß so erzogen werden, daß er erkennt, was er anknabbern darf und was für ihn tabu ist. Sagen Sie ihm immer wieder „Nein“, wenn Sie ihn beim Anknabbern verbotener Sachen erwischen und geben Sie ihm stattdessen sein Kauspielzeug. Loben Sie ihn beständig, wenn er an geeigneten Gegenständen kaut. Auf diese Art schwächen Sie das ungeeignete und stärken das geeignete Verhalten. Der Kaudrang sollte jedoch beendet sein, wenn die zweiten Zähne vollständig entwickelt sind. Die meisten ausgewachsenen Hunde knabbern jedoch weiter, was oft aus Langeweile, aufgestauter Aggression oder einfach weil es ihnen gefällt, geschieht. Deshalb ist es besonders wichtig, dem Welpen von Anfang an das richtige Kauverhalten anzulernen.

Welpen müssen Sozialverhalten lernen. Sie müssen Menschen und andere Tiere kennenlernen, damit sie ihnen künftig ohne Angst begegnen. Ganz wichtig ist es aber, daß sie viel Liebe und Zuneigung spüren.

Wußten Sie schon?
Die Erziehung Ihres Welpen erfordert viel Geduld und kann manchmal frustrierend sein. Wenn Sie das Gefühl haben, daß sich Ihr Welpe nicht oder nur schwer erziehen läßt, ziehen Sie einen Hundetrainer oder Verhaltenstherapeuten zu Rate. Der Hund kann ein psychisches Problem haben, das einen Fachmann erfordert. Aber vielleicht müssen auch Sie lernen wie man einen Hund erzieht.

weich zu werden, gibt dem kleinen Kerl den unfairen Vorteil, die Oberhand gewinnen zu können. Ein Welpe will ein und für allemal testen, wie weit er gehen kann. Widerstehen Sie diesen bettelnden Augen, bleiben Sie bei seiner Erziehung standhaft und sorgen Sie dafür, daß die übrige Familie

Hunde sind Rudeltiere und brauchen einen Leithund. Immer wenn sich zwei Hunde begegnen, schätzen sie einander ab, um zu regeln, wer der „Boß“ ist.

Sie dabei unterstützt. Es verwirrt Ihren Hund, wenn Frauchen ihn von der Couch jagt, er aber mit dem Herrchen eben da die Abendschau im Fernsehen genießt. Alle Familienmitglieder müssen die Regeln kennen und stets beachten, sobald der Welpe im Haus ist. Eine von Anfang an gute Erziehung formt die Persönlichkeit Ihres Hundes und Sie wissen immer, was Sie von ihm erwarten müssen und auch erwarten können.

Allgemeine Probleme mit Welpen

Der beste Weg, um Probleme zu vermeiden ist, rechtzeitig ein unerwünschtes Verhalten zu stoppen. Der alte Spruch: „Was Hänschen nicht lernt, lernt Hans nimmermehr“, ist zwar nicht unbedingt und in jedem Fall zutreffend, aber es ist auf jeden Fall viel leichter, schlechte Eigenschaften bei einem jungen Hund zu unterbinden, als zu warten, bis das schlechte Benehmen Ihres jungen Hundes beim erwachsenen Hund zur Selbstverständlichkeit geworden ist.
Einige Probleme treten speziell bei heranwachsenden Welpen auf.

Nagen und Zerbeißen

Wenn ein Welpe zu zahnen beginnt, dann hat er das Bedürfnis, in alles zu beißen, was er zwischen seine Zähne bekommen kann. Leider auch Ihre Finger, Arme, Zehen und alles was auch immer gerade zu erreichen ist. Sie mögen diese Unart für die ersten fünf Minuten zwar süß finden, bis Sie spüren, wie scharf diese Welpenzähne sind.
Das müssen Sie ihm sofort und ein für allemal abgewöhnen. Sagen Sie

energisch „Nein“ und tauschen Sie Ihre Finger gegen ein geeignetes Kauspielzeug ein. Solange Ihr Husky noch klein ist, ist das nicht so ärgerlich. Aber die starken Zähne Ihres erwachsenen Hundes können gefährlich werden, wenn er weiterhin der Meinung ist, alles was so am Menschen dranhängt, auch anknabbern zu dürfen. Er meint das absolut nicht böse, aber solange Sie ihm das nicht strikt verbieten, kann er nicht wissen, daß er es nicht darf!

Jaulen und Winseln

Ihr Welpe wird oft schreien, wimmern, winseln, jaulen oder anderen Aufruhr machen, wenn er alleingelassen wird. Das ist seine Art, auf sich aufmerksam zu machen, Ihnen zu sagen, daß er da ist und daß Sie ihn nicht vergessen dürfen. Er fühlt sich unsicher, wenn er alleingelassen wird, zum Beispiel wenn Sie aus dem Haus gehen oder wenn Sie in einem anderen Teil des Hauses sind und er Sie nicht sehen kann. Sein Jaulen oder Winseln ist ein Zeichen von Angst, aber er muß lernen, sich daran zu gewöhnen. Sie können ihm zwar sein Jammern nicht direkt abgewöhnen, aber Sie können dafür sorgen, daß er sich wohlfühlt, auch wenn Sie nicht bei ihm sind. Sie können ihm zum Beispiel seine Box so gemütlich wie möglich mit Decken und mit Spielzeug ausstatten. In seiner Box ist er besser aufgehoben, als wenn er frei im Haus herumlaufen kann und Sie wissen, daß ihm nichts passieren kann, wenn Sie nicht da sein können, um ihn zu überwachen. Damit Ihr Welpe sich in seiner Box wohlfühlt, ist es wichtig, daß die Box niemals als eine Art von Bestrafung dient, sonst wird Ihr Welpe etwas negatives mit ihr verbinden.

Gewöhnen Sie Ihren Welpen an seine Box, indem Sie ihn zunächst immer mal kurz in die Box setzen und dann die Zeitdauer allmählich verlängern. Bleiben Sie solange im gleichen Raum, aber gehen Sie nicht zu ihm hin, wenn er Terror macht. Bleiben Sie lediglich in seinem Blickfeld. Allmählich wird er sich so an seine Box gewöhnen, daß Sie später auch aus dem Raum oder aus dem Haus gehen können. Sie können auch das Radio leise spielen lassen, menschliche Stimmen werden ihn trösten und beruhigen.

Grundsätzlich ist anzumerken, daß man einen Hund niemals alleine läßt, bevor er vier Monate alt ist. Dann erst soll er schrittweise daran gewöhnt werden. Beim Husky ist das Alleinsein häufig ein Problem, da er ein sehr ausgeprägtes Rudelbewußtsein besitzt.

Die tägliche Pflege Ihres Siberian Husky

Überlegungen zur Fütterung und Wahl der Futtermittel

Ebenso wie beim Menschen hängt auch die Gesundheit Ihres Hundes weitgehend von seinem Futter ab. Er selbst hat wenig Einfluß auf seine Ernährung. Die meisten Besitzer wollen wirklich die beste Ernährung für Ihren Hund und doch machen es viele falsch. Sie wissen nicht, welches die beste Ernährung ist. Es gibt drei Arten von Hundefutter:
Trockenfutte, halbfeuchtes Futter und Dosenfutter. Trockenfutter ist am kostengünstigsten. Es enthält den geringsten Fettanteil und die meisten Konservierungsmittel. Dosenfutter enthält bis zu 70 % Wasser und halbfeuchtes Trokkenfutter hat einen so hohen Zuckeranteil, daß es von den meisten Besitzern weniger bevorzugt wird, obwohl die Hunde es gerne mögen, so wie Kinder auch Süßigkeiten lieben.
Es gibt Spezialfutter für drei Altersgruppen:
Welpen
erwachsene Hunde
Seniorhunde

Achten Sie drauf!
Füttern Sie Ihrem Welpen während der ersten Tage möglichst das gleiche Futter, das er auch beim Züchter zu fressen bekam. Ihr Züchter kann Ihnen eine kleine Menge, die für ein paar Tage ausreicht, mitgeben. Sie sollten zwar Ihren Welpen nicht mit zuviel Leckereien verwöhnen, aber es ist gut, wenn Sie spezielle Leckereien für Welpen für Training und Belohnung bei sich haben. Aber Vorsicht, das Kalorienbedürfnis von Welpen ist noch gering und ein paar Leckerlies können leicht den täglichen Kalorienbedarf, ohne die eigentliche Nahrung decken.

Ernährung im Welpenalter

Welpen besitzen den natürlichen Instinkt, an der Brust ihrer Mutter Milch zu saugen und zwar von Geburt an. Wenn sie nicht von allein während der ersten Stunden saugen, dann muß der Züchter helfen, die Brust der Mutter zu finden. Wenn der Welpe auch dann nicht saugt, dann muß der Züchter den Welpen mit einer Flasche füttern. Dazu ist eine Babyflasche mit einer speziellen Welpenmilch-Mischung nötig. Aber die natürliche Milch der Mutter ist viel besser. Sie enthält Colostrum, eine Art von antibiotisch wirkender Milch, durch die der Welpe während der ersten acht bis zehn Wochen gegen Infek-

Ihr Züchter hat ihren Welpen bereits an ein für ihn passendes Futter gewöhnt. Sie sollten Ihren Welpen zunächst mit dem gewohnten Futter weiter ernähren.

tionen geschützt ist. Sechs Wochen lang sollte ein Welpe von der Mutter gesäugt werden. Wenn er einen Monat alt ist, kann man beginnen, ihn langsam zu entwöhnen, indem man ihm kleine Portionen von breiigem Futter anbietet. Wenn er acht Wochen alt ist, sollte der Welpe entwöhnt sein und nur noch mit Welpenfutter gefüttert werden.

Während der Entwöhnungszeit ist seine Ernährung besonders wichtig, es ist die Zeitspanne mit dem stärksten Wachstum Ihres Welpen im ersten Lebensjahr. Spezialfutter für den im Wachstum befindlichen Hund kann Ihnen Ihr Tierarzt empfehlen. Das Spezialfutter sollte er bis zum Alter von 18 Monaten erhalten. Welpen-Spezialfutter enthält alle notwendigen Beigaben, die Zufütterung von Vitaminen, Mineralien und Eiweißstoffen ist daher nicht nötig.

Das Futter für den erwachsenen Hund

Ein Hund ist erwachsen, wenn er sein Körperwachstum beendet hat und zwar in Höhe und Länge. Wenn Sie sein Futter von der Welpenkost auf das Erhaltungsfutter umstellen, sollten Sie wieder auf die Empfehlungen Ihres Tierarztes hören. Die meisten Hersteller von Hundefutter sind auf dieses spezialisiert und Sie können das für Ihren Hund besonders zuträgliche Futter wählen. Aktive Hunde zum Beispiel brauchen ein anderes Futter als sehr ruhige. Ein Siberian Husky ist im Alter von zwei bis drei Jahren ausgewachsen, einige schon zwischen 16 und 24 Monaten.

Ein Tierarzt, der sich für die Ernährung von Siberian Huskys und anderen Schlittenhunden interessierte, fand heraus, daß Beigaben von

Achten Sie drauf!

Wie die Farbe, der Geruch und die Konsistenz der „Häufchen" Ihres Hundes sind. Ein gesunder Hund produziert im allgemeinen drei mittelharte Häufchen in 24 Stunden, die keinen allzu unangenehmen Geruch haben sollten und bei gleichbleibendem Futter immer die gleiche Farbe haben sollten.

Wußten Sie schon?
Das beste Futtermittel für Ihren Hund zu finden, ist schwierig. Es gibt keine allgemeine Empfehlungen der Veterinär-Wissenschaftler bezüglich der Futtermittel-Analysen (Eiweiß, Fett, Ballaststoffe, Feuchtigkeitsgehalt, Asche, Cholesterin usw.). Sie müssen also die Eigenschaften Ihres Hundes berücksichtigen, sein Gewicht, sein Alter, seine Aktivität, was ihm schmeckt – all das ist zu berücksichtigen. Wahrscheinlich ist es das beste, Sie sprechen darüber mit Ihrem Tierarzt.
Die Nahrungsbedürfnisse sind von Hund zu Hund verschieden. Sie wechseln sogar im Laufe eines Hundelebens. Wenn Ihr Hund gutes Trockenfutter erhält, dann müssen Sie kein Fleisch oder Gemüse dazugeben. Hunde mögen Abwechslung bei ihrem Futter, geben Sie etwas Gemüse- oder Fleischbrühe dazu oder andere Stoffe, die den Geschmack etwas verändern. Eine gute Ernährung trägt viel zur Entwicklung Ihres Hundes bei.

Zink bei der Ernährung dieser Hunde eine positive Rolle spielen. Bestimmte Hautkrankheiten klingen durch die Zugabe dieses Elements ab. Sprechen Sie darüber mit Ihrem Tierarzt.

Die Ernährungs des alten Hundes

Wenn Hunde altern, verändert sich ihr Stoffwechsel. Der ältere Hund ist für gewöhnlich nicht mehr so aktiv, bewegt sich langsamer und schläft viel. Dieser Wechsel im Lebensstil und physiologischem Zustand erfordert ein spezielles Futter. Der Alterungsprozeß erfolgt langsam und wird vielleicht nicht bemerkt. Was leicht zu bemerken ist, das ist die Gewichtszunahme. Wenn Sie Ihrem Hund dann weiter das gewohnte Erhaltungsfutter geben, während sein Stoffwechsel sich verschlechtert, dann wird er an Gewicht zunehmen. Fettleibigkeit beim älteren Hund steigert die gesundheitlichen Probleme, die das Alter mit sich bringt.
Wenn Ihr Hund älter wird, lassen seine organischen Funktionen nach. Niere und Darm arbeiten schwächer. Diese altersbedingten Schwächen ver-

Achten Sie drauf!
Einige Futtermittel für erwachsene Hunde enthalten als Grundstoff Getreide. Das ist in Ordnung, solange kein Sojamehl dabei ist. Sojamehl kann Blähungen hervorrufen. Bei Futtersorten gibt es ja preislich große Unterschiede. Das teuerste Futter muß nicht gleichzeitig auch das beste sein. Futter mit viel Getreide ist preiswert und ebenso gut wie das teure Futter mit tierischem Eiweiß.
Wählen Sie also Ihr Futter gewissenhaft aus. Es gibt oft Gründe, die ein Spezialfutter erfordern. Wenn Ihr Hund eine gewisse Diät braucht, wird Ihnen Ihr Tierarzt sicherlich das beste Futter für Ihren Husky empfehlen.

Erwachsene Hunde erhalten ein- oder zweimal am Tag Futter. Eine gute Futterqualität hält ihren Husky gut in Form.

langen einen Änderung in der Fütterung. Öfter kleine Portionen zu füttern ist besser für die Verdauung. Es gibt nicht die eine beste Diät für den älteren Hund. Für einige ist eine „Senior-Diät" richtig, für andere wiederum Welpen-Nahrung oder „Premium"-Futter, wie zum Beispiel Lamm und Reis. Das richtige Futter zu finden, kann für die Erhaltung der Gesundheit Ihres Hundes wichtig sein.

Wasser

Sauberes Wasser ist ebenso wichtig wie unverdorbenes sauberes Futter. Wasser ist wichtig für alle Körperfunktionen. Deshalb muß Ihrem Husky immer sauberes Wasser zur Verfügung stehen. Seine Wasserschüssel muß sauber sein, wechseln Sie das Wasser häufig.

Körperliche Bewegung

Alle Hunde benötigen, unabhängig von der Rasse, in irgendeiner Form Bewegung. Ein zu ruhiger Lebensstil ist ebensowenig wünschenswert für den Hund wie auch für Sie. Der Siberian Husky gehört zu den aktiven Hunderassen, die mehr Bewegung benötigen, als etwa die Englische Bulldogge, aber Sie brauchen kein Marathonläufer zu

Wußten Sie schon?

Bewahren Sie Trockenfutter sorgfältig auf. Geöffnete Packungen verlieren ihren Vitamingehalt innerhalb von 90 Tagen. Pilzsporen und Ungeziefer können das Futter verseuchen und ungenießbar für den Hund machen.

Im Handel gibt es eine ganze Reihe von Geräten zur Pflege Ihres Huskys, die nicht teuer sein müssen.

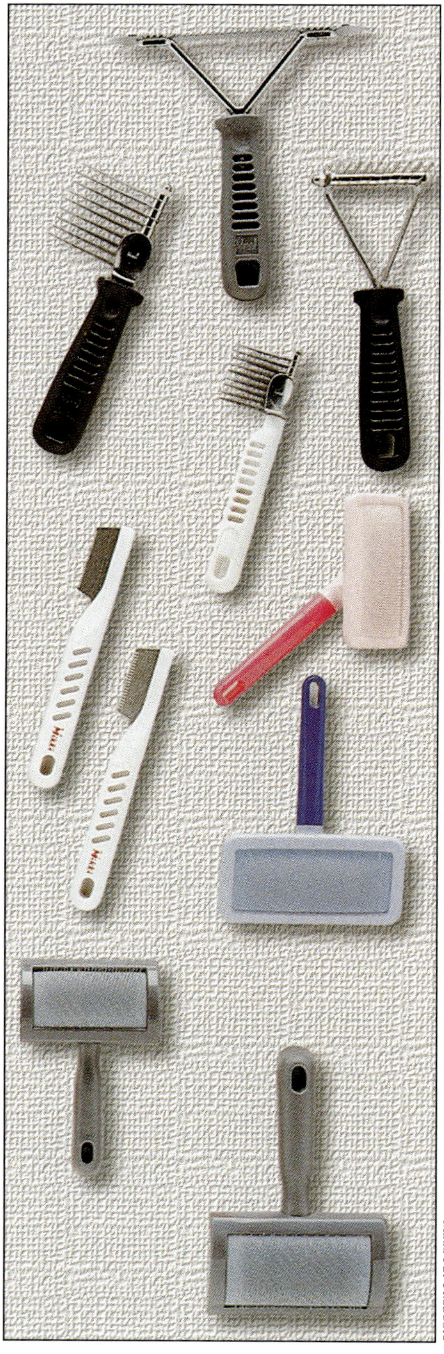

MIKKI PET PRODUCTS

sein, um Ihrem Hund genügend Bewegung zu bieten. Ausreichende Spaziergänge, gemeinsames Spielen im Garten oder unter Aufsicht einfach frei im Garten herumlaufen lassen, sind Möglichkeiten für Bewegung des Siberian Husky. Wenn Sie ambitionierter sind, werden Sie herausfinden, daß Ihr Siberian Husky durchaus in der Lage ist, Sie auf extra langen Spaziergängen oder den morgendlichen Jogging-Touren zu begleiten. Im wesentlichen ist die Bewegung nicht nur für den Körper, sondern auch für das seelische Wohlbefinden gut. Ein sich langweilender Hund macht sich oft durch negative, meist zerstörerische Verhaltensweisen bemerkbar. Außerdem ist Bewegung immer auch für das seelische Wohlbefinden des Besitzers sinnvoll.

Die Pflege

Bürsten

Eine Bürste aus Natur- oder Kunststoffborsten genügt für die allgemeine Pflege. Tägliches Bürsten ist gut, um abgestorbenes Haar zu entfernen und zur Bildung des natürlichen Hautfetts. Es verleiht seinem Fell Glanz und gesundes Aussehen.
Der Siberian Husky, der wegen seines natürlichen Aussehens beliebt ist, braucht keine übermäßige Pflege, aber sein dickes Fell sollte jeden Tag gebürstet werden, um den Glanz zu erhalten und um Verfilzung zu verhin-

Wie ernähren Sie Ihren Hund?

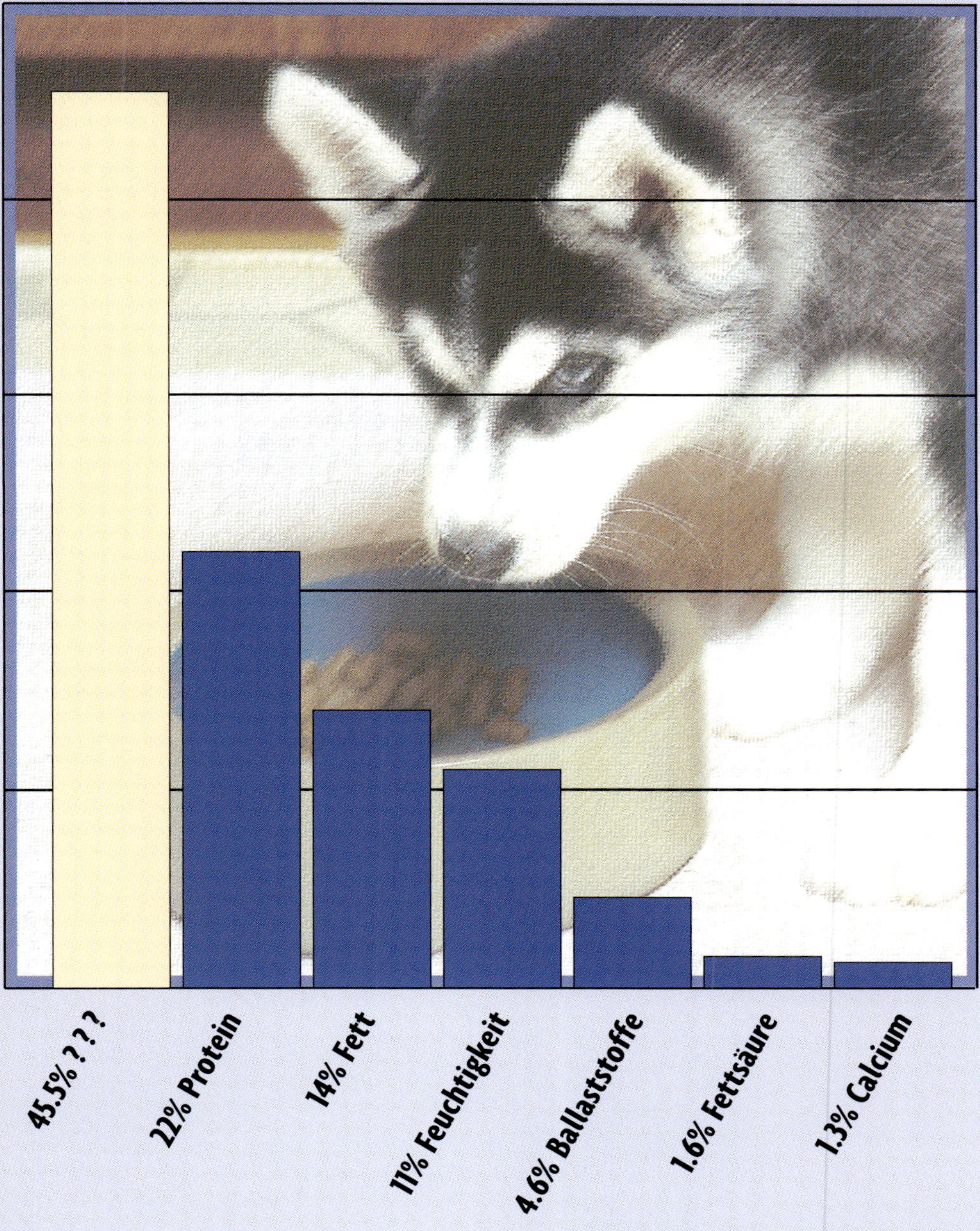

Lesen Sie die Tabelle auf Ihrem Futtermittelpaket. Die meisten Hersteller geben nur 50 bis 55 % der Inhaltsstoffe des Futters an, die restlichen 45 % bleiben ohne Angabe.

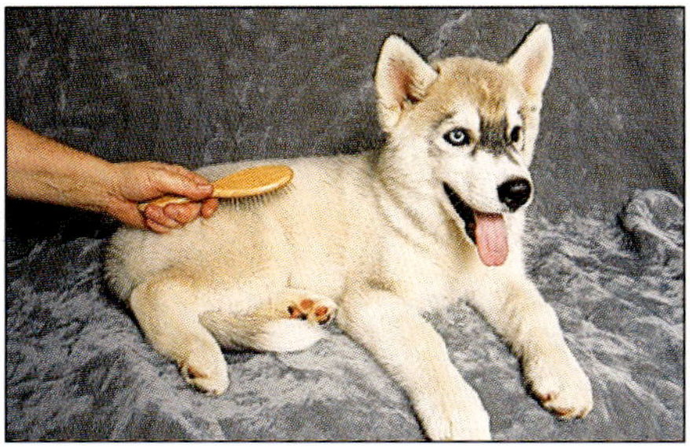

Ihr Husky sollte täglich gebürstet werden. Wenn er schon als Welpe daran gewöhnt wurde, dann wird er es mögen.

Seite gegenüber: Mikrographie von zwei Hundehaaren. Das Haar links mit einigen abgestorbenen Hautzellen (Schuppen). Die Außenhaut ist normal und gleichmäßig in der Struktur. Das Haar darüber ist ein krankes Haar, wie an der geschädigten, gebrochenen Außenhaut zu erkennen ist. Dieses Foto wurde speziell für dieses Buch gemacht von Dr. Dennis Kunkel von der Universität von Hawaii.

dern. Das Bürsten entfernt Staub, Haarschuppen und abgestorbene Haare. Das tägliche Bürsten bedeutet auch tägliches, nahes Zusammensein mit Ihrem Hund. Viele Hunde lieben diese Fürsorge und Pflege und den engen Kontakt mit seinem Besitzer.

Hunde lieben es in den seltensten Fällen, gebadet zu werden. Baden mit Reinigungsmitteln ist auch nur selten nötig, allenfalls bei starker Verschmutzung, zum Beispiel wenn sich Ihr Hund in Mist oder anderen Fäkalien gewälzt hat oder mit Ölen oder Teer verklebt ist. Aber auch dann sollte ein Hund nicht mit für Menschen übliche Reinigungsmittel gebadet werden, denn diese Mittel entziehen dem Hund zuviel Hautfett. Dieses Hautfett ist aber nötig, damit der Hund vor Durchnässung geschützt ist. Sollte das Baden doch einmal nötig werden – vielleicht auch wegen Ungezieferbefall – dann mit einer speziellen Hundeseife.

Achten Sie darauf, daß keine Seife in die Augen Ihres Huskys gelangt. Spülen Sie zuletzt alle Seifenreste gründlich aus dem Fell heraus. Schützen Sie beim Herausspülen des Shampoos seine Augen mit der Hand und lenken Sie den Wasserstrahl in die andere Richtung. Es darf auch kein Wasser in den Gehörgang gelangen. Zuletzt muß das Fell absolut frei sein von Shampooresten, die sonst die Haut reizen könnten.

Jetzt müssen Sie darauf gefaßt sein, daß er sich kräftig schüttelt – halten Sie ihn aber fest, sonst rennt er tropfend durch das ganze Haus! Reiben Sie Ihren Hund mit alten Handtüchern einigermaßen trocken, sorgen Sie dafür, daß er in Bewegung bleibt oder warm liegt, bis er ganz trocken ist.

Das Reinigen der Ohren

Jedes zu große Haarbüschel sollte gekürzt werden. Reinigen Sie die Ohren mit einem Wattebausch und mit Spezialreiniger für Hunde. Es gibt auch hierfür spezielle

Achten Sie drauf!

Seifenprodukte für den Menschen, wie Shampoo, Schaumbad oder Handseife können Fell und Haut des Huskys schädigen. Seifen für Menschen sind zu scharf und entfernen das schützende Haut- und Haarfett Ihres Hundes. So ist das Haar nicht mehr vor dem Durchnässen geschützt. Benutzen Sie deshalb nur für Hunde geeignete Reinigungsmittel die im Fachhandel erhältlich sind.

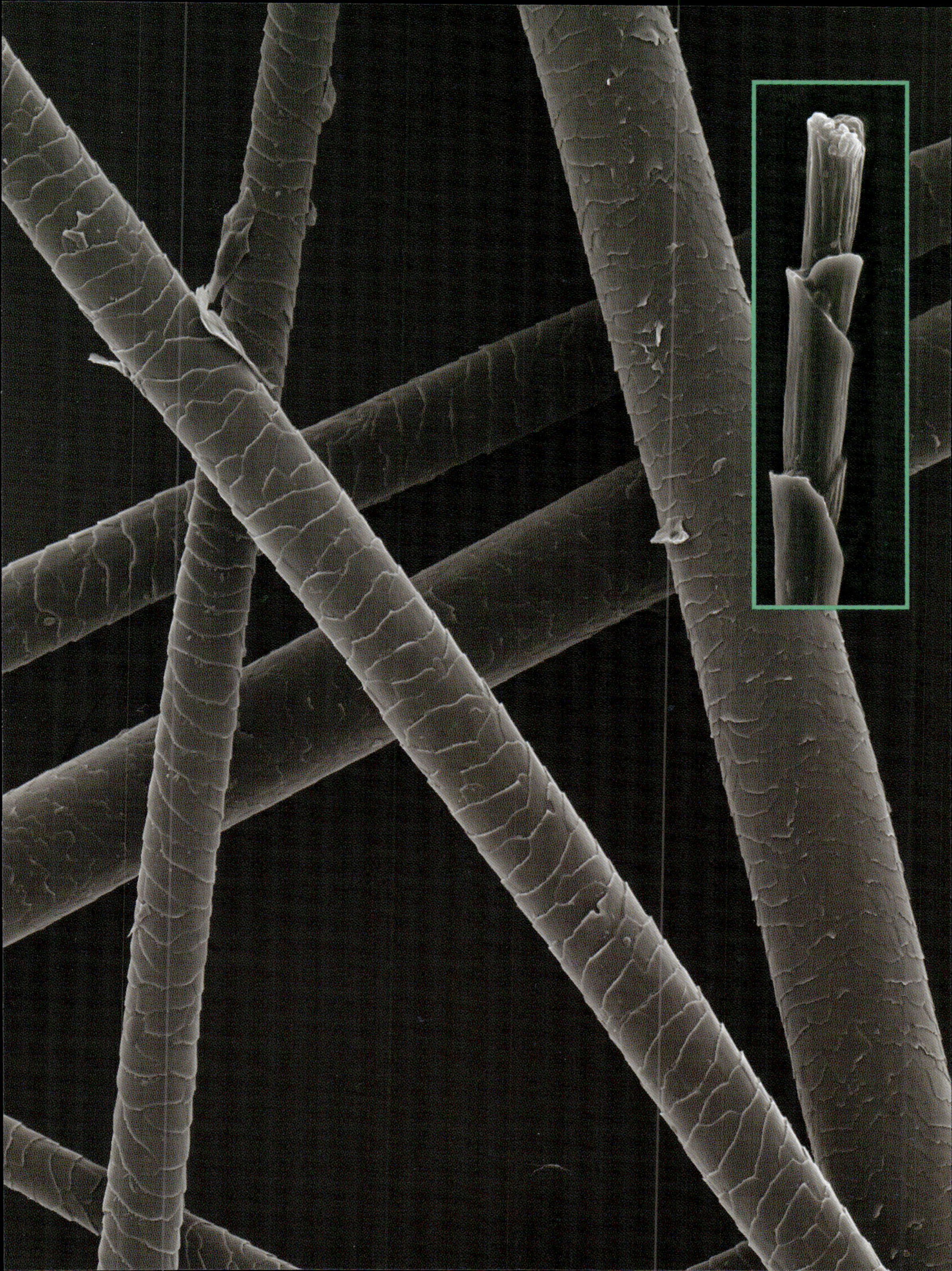

Ihr Welpe muß lernen, daß Sie seine Pfoten pflegen müssen, und daß auch die Krallen von Zeit zu Zeit gestutzt werden müssen.

Puder. Achten Sie auf Infektionen oder Milbenbefall. Wenn Ihr Husky häufig den Kopf schüttelt oder sich an den Ohren kratzt, dann ist damit etwas nicht in Ordnung. Wenn seine Ohren unangenehm riechen, ist das ein Zeichen für eine Infektion oder Milbenbefall und die Ohren müssen von einem Tierarzt untersucht werden.

Das Schneiden der Krallen

An das Schneiden seiner Krallen soll Ihr Husky schon früh gewöhnt werden, weil es während seines ganzen Lebens von Zeit zu Zeit nötig sein wird. Gepflegte Krallen sehen nicht nur besser aus, sie verhindern auch Verletzungen beim Hochspringen oder unbeabsichtigtem Kratzen. Lange Krallen zersplittern und bluten dann leichter. Bei langen Krallen spreizen auch die Zehen weiter auseinander. Allgemein gilt die Regel: Wenn Sie das „Ticken" der Krallen auf hartem Boden hören, dann sind die Krallen zu lang.

Ehe Sie zu schneiden beginnen, müssen Sie sicher sein, wo das „Leben" beginnt. Das ist ein Blutgefäß, das sich durch die Kralle nahe bis an deren Spitze zieht. Wenn es versehentlich angeschnitten wird, ist das für den Hund sehr schmerzhaft, weil sich dort auch Nerven befinden. Halten Sie jedenfalls immer ein blutstillendes Mittel parat. Es gibt einen Stift oder auch Puder, wie sie auch beim Rasieren verwendet werden, das wird die Blutung sehr bald stillen. Beruhigen und

Achten Sie drauf!

Wenn Sie sorgsam alle Seifenreste aus dem Fell Ihres Huskys ausgespült haben, dann können Sie das Wasser mit der Hand aus dem Fell des Hundes abstreifen und ihn mit einem großen Handtuch abtrocknen. Sie können auch einen Fön verwenden oder auch ganz einfach das Fell natürlich trocknen lassen. Bei kaltem Wetter sollte er nicht naß nach draußen gehen.

Im Fachhandel werden auch Trockenshampoos und -puder angeboten, die Sie zwischendurch anwenden können. Sie sind zwar kein Ersatz für das Baden, aber es ist für rasche Pflege praktisch, weil das Fell nicht naß wird.

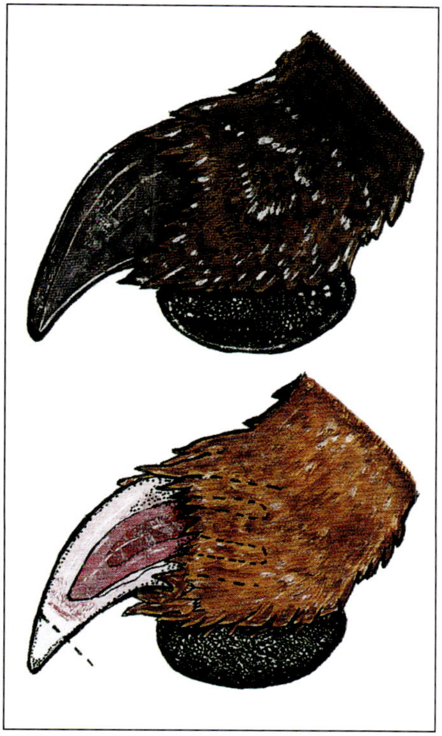

Rassespezifische Pflege

Einige Gedanken zur Pflege

Wenn man das wunderschöne, dichte Fell des Siberian Husky sieht, dann möchte man meinen, daß dafür viel und spezielle Pflege nötig ist. Aber obwohl zwar regelmäßige Pflege nötig ist, heißt der Schlüssel für die Schönheit des Huskys: Natürlichkeit. Vom Welpen bis zum Champion der Schau soll das Fell eines Huskys in seiner Natürlichkeit belassen bleiben, ohne Schermaschine und Kunstfrisur. Sein Fell braucht das nicht. Es ist allein wichtig, daß sein Fell schön und gesund aus-

Die Krallen dürfen nicht stärker gekürzt werden, als bis zum „Leben". Das Leben bedeutet durchblutetes Gewebe und bei hellen Krallen leicht, bei dunklen Krallen jedoch schwer zu sehen. Schneiden Sie deshalb immer nur kleine Stücke ab.

streicheln Sie Ihren Hund und kürzen Sie die nächste Kralle erst, wenn er sich beruhigt hat. Kürzen Sie immer Stückchen für Stückchen, besonders bei dunklen Krallen.

Während Sie schneiden, muß Ihr Hund sich ruhig verhalten. Kürzen Sie mit einem raschen Schnitt. Sie können sich im guten Fachhandel eine spezielle Krallenschere besorgen.

Wußten Sie schon?

Ein Hund, der einen großen Teil seines Lebens draußen auf hartem Boden verbringt, wird seine Krallen auf natürliche Weise abnutzen, so daß sie nicht so oft geschnitten werden müssen. In den kälteren Monaten, wenn der Hund nicht so viel draußen sein kann, ist jedoch auch bei diesen Hunden das Krallenschneiden häufiger vonnöten. In jedem Fall ist es am besten, Ihren Husky so früh wie möglich daran zu gewöhnen. Manche Hunde sind besonders empfindlich wenn ihre Füße angefaßt werden. Aber wenn ein Hund bereits im Welpenalter damit vertraut gemacht wird, sollte ihn dies nicht mehr stören.

sieht. Siberian Huskys haaren. Während des haarens (ein bis zwei Mal pro Jahr) müssen Sie etwas mehr auf seine Pflege achten. Ein Kamm aus Metall hilft bei der Entfernung verfilzter Haare aus der Unterwolle und kräftiges Bürsten löst abgestorbene Haare aus dem Fell. Gehen Sie danach nochmals mit dem Kamm durch das Fell, um lose Haare zu entfernen.

Mit dem Husky auf Reisen

Ihr Siberian Husky sollte von klein auf, an das Autofahren gewöhnt werden. Eine Autofahrt, zum Beispiel zum Tierarzt, soll doch nicht für Sie zum Streß und für den Husky zum Trauma werden.
Am sichersten fährt Ihr Hund in seiner Box. Eine Box aus Holz

Nehmen Sie Ihren Hund nur in einer Box im Auto mit. So ist er sicher – und Sie auch!

oder Fiberglas eignet sich besser als eine Box aus Drahtgeflecht, die Sie für ihn im Haus haben. Setzen Sie Ihren Husky in seine Box und warten Sie ab, wie er reagiert. Es gibt auch noch die Möglichkeit eines Sicherheitsgurtes für Hunde. Lassen Sie Ihren Hund nicht ungesichert im Auto, es ist zu gefährlich. Wenn Sie hart stoppen müssen, dann kann der Hund nach vorne geschleudert werden und sich verletzen. Oder er belästigt Sie während der Fahrt, so daß Sie sich nicht mehr auf das Autofahren konzentrieren können. Das kann in einer gefährlichen Situation für beide enden.
Auf langen Fahrten müssen Sie Pausen einkalkulieren, damit er sich erholen kann. Denken Sie auch daran, daß er im Auto unreinlich sein könnte oder krank wird. Nehmen Sie entsprechendes Material zum Saubermachen mit.

Wichtige Pflegeutensilien

Wie viele Pflegeutensilien Sie kaufen, hängt davon ab, wieviel Aufwand Sie mit Ihrem Husky betreiben wollen. Hier ist die Grundausstattung, d. h. Dinge die Sie unbedingt haben sollten:

- Naturborsten-Bürste
- Glanzbürste
- Metallkamm
- Scheren
- Haartrockner
- Gummiunterlage
- Hundeshampoo
- Duschaufsatz
- Ohrreiniger
- Wattepads
- Tücher
- Krallenzange

Ihr Hund auf Flugreisen

Eine Flugreise ist für einen Hund recht ungewöhnlich. Zuvor müssen Sie mit der Fluggesellschaft entsprechende Abmachungen treffen. Es wird verlangt, daß der Hund in einer Fiberglasbox untergebracht ist. Wenn Sie selber keine Flugbox haben, kann Ihre Fluggesellschaft Ihnen eine Box zur Verfügung stellen. Geben Sie Ihrem Husky sein Lieblingsspielzeugt mit in die Box, das beruhigt ihn. Geben Sie ihm nicht später als sechs Stunden vor dem Flug seine letzte Mahlzeit, damit er sich während des Fluges nicht erleichtern muß. Es muß geregelt sein, daß der Hund regelmäßig mit Wasser versorgt ist.

Sorgen Sie auch dafür, daß alle wichtigen Angaben sowohl über den Hund, als auch zu Kontaktadressen an seinem Halsband und an seiner Box angebracht sind.

Hunde fliegen nicht im Passagierraum mit. Es gibt auch bei großen Luftlinien, die Erfahrung mit Tiertransporten haben, immer ein kleines Risiko, daß Sie von Ihrem Hund getrennt werden.

Wußten Sie schon?

Wenn Sie mit Ihrem Hund verreisen möchten, dann suchen Sie zuvor beim örtlichen Verkehrsbüro ein Hotel, daß auch Hunde aufnimmt.

Wenn möglich, nehmen Sie auf die Reise Eiswürfel mit. Wenn es sehr heiß ist, kann das bei Überhitzung des Hundes helfen. Die meisten Hunde lieben es, Eis zu lecken.

Die Hundepension

Wenn Sie Urlaub mit der ganzen Familie machen möchten und auch Ihren Husky mitnehmen wollen, dann müssen Sie Ihre Reise besonders gut vorbereiten. Sie möchten sicher nicht, daß Sie bei einem Übernachtungsstop nur eine Unterkunft weit und breit finden und dort keine Hunde erlaubt sind. Also reservieren Sie für Ihre Familie, aber vergessen Sie nicht zu sagen, daß Sie einen Hund dabei haben.

Wenn Sie ohne Ihren Hund reisen wollen, so müssen Sie eine Pflegemöglichkeit für die Zeit Ihres Urlaubes, für ihn finden. Vielleicht nimmt Ihr Nachbar Ihren Hund in Pflege, oder Ihr Nachbar betreut ihn, wenn er in Ihrem Haus bleibt. Wenn das

Achten Sie drauf!

Lassen Sie Ihren Hund niemals alleine im Auto zurück! Bei Hitze kann es für den Hund tödlich sein, im geschlossenen Wagen eingesperrt zu sein. Wenn Sie die Fenster aber offen lassen, wird er vielleicht versuchen, rauszuklettern und kann sich dabei verletzen.

nicht möglich ist, könnten Sie ihn auch in eine gut geführte Hundepension bringen. Vorher sollten Sie sich dort aber informieren und sich bei einem Besuch überzeugen, wie die Hunde dort gehalten werden und wie es mit der Sauberkeit bestellt ist. Beobachten Sie, wie man mit den Hunden umgeht, ob man dort mit den Hunden spielt und mit ihnen ausgeht. Sie wissen selbst, wie unglücklich ein Husky ist, wenn er nicht genügend Aktivitäten entfalten kann. Erkundigen Sie sich auch, wie er geimpft sein muß und was sonst erforderlich ist.

Jeder Hund sollte eine Marke zur Identifikation oder ein Metallschild an seinem Halsband tragen.

Wenn viele Hunde zusammen sind, ist das Risiko für Übertragung einer Krankheit größer.

Identifikation des Hundes

Ihr Siberian Husky ist Ihr wertvoller Begleiter und Freund. Deshalb lassen Sie ihn auch kaum aus den Augen, um sicher zu sein, daß er nicht aus Ihrem Garten läuft oder sich aus seinem Halsband befreit. Trotzdem kann es zum Beispiel eventuell bei einem Unfall vorkommen, daß der Hund unerwartet wegläuft. Wenn dieses geschehen sollte und der Hund steht unter Schock, so läuft er womöglich weg und Sie finden ihn nicht wieder. Nun ist es wichtig, daß Sie als Besitzer ermittelt werden können. Eine gute Identifizierung verbessert die Chance, daß Sie ihn schnell und unversehrt zurück erhalten. In vielen Ländern werden die Welpen noch vor der Abgabe beim Züchter tätowiert oder mit einem Mikroship versehen. Diese enthalten die Registriernummer, unter der der Welpe bei einem Club eingetragen wurde und die auch auf seiner Ahnentafel vermerkt ist.

Achten Sie drauf!

Sie haben einen wertvollen Hund, den Sie lieben. Wenn er auf irgendeine Weise verloren geht oder gestohlen wird, werden Sie sehr verzweifelt sein. Es gibt Möglichkeiten zur Identifikation Ihres Hundes.

Wußten Sie schon?

Da Husky-Welpen immer teurer werden, wird die Gefahr, daß sie gestohlen werden immer größer. Die übliche Identifikationsmarke am Halsband kann natürlich leicht entfernt werden. Es gibt jedoch zwei andere Methoden, mit denen ein Hund eindeutig identifiziert werden kann.

Die Kennzeichnung mit Mikrochips bedeutet, daß dem Hund ein Mikrochip von ungefähr der Größe eines Reiskorns unter die Haut injiziert wird. Wenn Ihr Hund in einem Tierheim gefunden wird, kann er durch den Mikrochip einwandfrei identifiziert werden. Der Mikrochip wird mit speziellen Geräten abgelesen und Sie können in kürzester Zeit als Besitzer identifiziert werden. Dies ist nicht nur ein Schutz gegen Diebstahl, sondern auch wenn Ihr Hund fortläuft oder beim Spaziergang etwas jagt und Sie nicht wiederfindet, haben Sie eine gute Chance, ihn zurück zu bekommen.

Eine weitere gebräuchliche Art der Kennzeichnung Ihres Hundes ist die Tätowierung. Sie kann an verschiedenen Stellen des Hundes vorgenommen werden, zum Beispiel seinen Ohren, der Schenkelinnenseite oder an den Wangen. Die Tätowierungsnummer wird vom Zuchtverband vorgegeben und steht in der Ahnentafel Ihres Hundes. Wenn professionelle Hundediebe einen tätowierten Hund sehen, verlieren sie gewöhnlich das Interesse. Sowohl das Einsetzen eines Mikrochips als auch die Tätowierung im Ohr können von Ihrem Tierarzt vorgenommen werden. Zur Sicherheit Ihres Hundes ist die Tätowierung die vorteilhaftere Methode, da sie von außen sichtbar ist und von jedem abgelesen werden kann.

Ihr Husky soll sich bei Ihnen sicher fühlen. Tun Sie alles dafür.

Erziehung und Training Ihres Siberian Huskys

Mit einem nicht erzogenen Hund zu leben, ist etwa so, wie ein Klavier zu besitzen, und nicht zu wissen, wie man darauf spielt. Sie müssen also Klavierstunden nehmen und auf einmal hören Sie zauberhafte Klänge und Rhythmen, die Ihr Herz singen und schwingen lassen.

Ebenso ist es mit Ihrem Siberian Husky. Zunächst freuen Sie sich nur, ihn bei sich zu haben. Er will nicht mehr von Ihnen als Futter, Wasser und Bewegung. Denken Sie darüber nach, sonst wird er Ihnen nicht viel Freude bringen. Er bedeutet nur dann viel Verantwortung, für die Sie nicht viel von ihm zurückerhalten. Er wird vielleicht sogar ein schlechtes Benehmen entwickeln, daß Sie ärgern oder sogar rasend machen kann, nicht zu reden über schlimme Gewohnheiten, die Sie große Summen kosten kann. Keine gute Sache!

Also erziehen Sie Ihren Siberian Husky zum Gehorsam. Lernen Sie sein Wesen und sein Verhalten zu erkennen und bringen Sie ihm gute Manieren bei. Lernen Sie mit ihm umzugehen und sein Verhalten Ihnen gegenüber zu verstehen. Auf einmal wird Ihr Hund eine neue Rolle in Ihrem Leben spielen, er ist wach, aufmerksam, hat gute Manieren und zeigt Ihnen täglich seine Anhänglichkeit und Treue. Anders ausgedrückt: Ihr Hund schmeichelt Ihrem „Ego“, weil er Sie ständig daran erinnert, daß Sie nicht nur sein Herr sind, sondern seine Hauptperson! Ein Wunder ist geschehen – Sie haben jetzt einen wundervollen Hund – und das haben auch Ihre Freunde und Ihre Familie bemerkt – und Sie können zufrieden mit sich sein.

Wenn man sich mit Hundeerziehung beschäftigt und mit anderen Hundebesitzern über die Eigenschaften Ihrer Hunde spricht, dann erhält man interessante Kenntnisse über die Hundehaltung. Zum Beispiel ist die Erziehung im Welpenalter am erfolgreichsten, um einen gut angepaßten erwachsenen Hund mit guten Manieren zu bekommen. Auch im Alter von etwa sechs Monaten bis zu sechs Jahren kann es ebenso viel Erfolg bringen, aber der Besitzer muß damit rechnen, daß sein Hund langsamer lernt und muß bereit sein, geduldig bei der Erziehung zu sein, um dem Hund zu helfen, seine volle Bereitschaft und Leistungsfähigkeit zu erreichen. Leider ist es die Geduld, an der es manchen Hundebesitzern man-

gelt. Bei ungeschulten erwachsenen Hunden, sind die Besitzer oft nicht beharrlich genug, ihren Hunden alles beizubringen, was man zusammengefaßt „gutes Benehmen“ nennt.
Die Ausbildung eines etwa acht bis 16 Wochen alten Welpen ist, als wenn Sie mit einem trockenen Schwamm ins Wasser gehen: Der Welpe nimmt alles auf, was Sie ihm auch immer zeigen und will immer neue Dinge tun und lernen. Sein Gehirn ist darauf ausgerichtet, in den ersten Monaten alles zu lernen, was man zum Überleben braucht. Und weil er noch so jung ist, ist er abhängig von seiner Bezugsperson. Als soziales Tier muß er auch von klein auf alles lernen, was für ein Zusammenleben notwendig ist. Deshalb ist er bereit, sich sehr an die Menschen, mit denen er lebt, zu orientieren. Sie sind sein „Leithund“, Sie bereiten ihm das Futter, geben ihm Wasser, ein Zuhause und Sicherheit. Er will überall und ganz nahe bei Ihnen sein. Er folgt Ihnen von Raum zu Raum und läßt Sie nicht aus den Augen, wenn Sie mit ihm draußen sind. Er wird Leuten und Tieren, denen Sie beide begegnen, in gleicher Weise wie Sie gegenübertreten. Wenn Sie einen Freund herzlich begrüßen, wird er diesen ebenso freundlich begrüßen. Wenn Sie einem Fremden ängstlich gegenüberstehen, wird er das ebenso tun. Wenn der Welpe beginnt, Hormone zu bilden, wächst seine natürliche Neugier und er beginnt, die Welt um sich herum zu erforschen. Dann beginnt der ungeschulte Hund sich von Ihnen zu entfernen

Solange der Siberian Husky sein Wachstum nicht beendet hat, ist er nicht erwachsen.

und reagiert nicht einmal mehr auf Ihr Kommando, daß ihn auffordert, in der Nähe zu bleiben.

Ihr Hund soll stubenrein werden

Ihr Husky kann lernen, sich an den Orten zu lösen, die Sie für ihn bestimmen. Stadtleute zum Beispiel trainieren Ihre Hunde oft dazu, sich im Rinnstein zu lösen, weil Grasflächen nicht genügend vorhanden sind. Leute aus der Vorstadt haben meist einen Garten als Toilette für Ihren Hund. Soll er sein Geschäft draußen erledigen, dann zum Beispiel auf Gras, Erde oder auch Zement- oder Asphaltboden. Soll er es im Haus erledigen, dann empfiehlt sich Zeitungspapier.
Wenn Sie sich allerdings entschieden haben, wo und auf welchem Untergrund der Husky sich lösen soll, dann muß das für immer sein. Wenn Sie ihn an Gras gewöhnt haben und sich zwei Monate später anders entscheiden, wird es Schwierigkeiten für Hund und

Besitzer geben. Sie müssen ihm auch immer das gleiche Kommando geben, um sich zu lösen. „Geh, mach Häufchen" oder „Geh, mach schon" zum Beispiel ist gebräuchlich.

Gewöhnen Sie sich an, immer dasselbe zu Ihrem Hund zu sagen, wenn Sie mit ihm hinausgehen wollen. So signalisieren Sie ihm deutlich, was Sie möchten und er wird es bald verstanden haben und freudig herbeikommen. Falls er aus irgendeinem Grund nicht mit möchte, wird er nicht darauf reagieren. Finden Sie heraus, ob er vielleicht krank ist.

Wann muß sich Ihr Welpe lösen?

Ein Welpe muß sich nach jeder Mahlzeit, nach jeder Spielstund und nach dem Schlafen lösen.

Die Muskeln der Harnwege und des Darmtrakts eines Welpen sind noch nicht voll entwickelt, daher muß er sich, so wie Babys, häufig entleeren.

Gehen Sie oft mit ihm nach draußen. Mit einem etwa acht Wochen alten Welpen ungefähr jede Stunde. Je älter er wird, desto seltener ist es vonnöten. Als erwachsener, gesunder Hund muß er nur noch etwa drei bis fünf Mal nach draußen.

Wußten Sie schon?

Oft ist es notwendig, den Welpen zu seinem Löseplatz (draußen im Garten) zu tragen, wenn er in der Wohnung Anzeichen zeigt, daß er „muß". Er hält es nicht so lange aus, bis Sie ihm zeigen, wo er es tun darf und wo nicht. Dies darf allerdings nicht zur Gewohnheit werden.

Achten Sie drauf!

Seien Sie immer konsequent. Führen Sie Ihren Hund immer zur gewohnten Stelle, fordern Sie ihn immer mit den gleichen Worten auf und halten Sie ihn immer an der Leine, wenn er sich lösen möchte. Außer er ist im eingezäunten Garten, da braucht er natürlich nicht angeleint sein. Mit dieser erfolgreichen Methode wird Ihr Welpe stubenrein sein, wenn er erwachsen ist. Kleine Rassen werden schneller erwachsen als große Rassen wie der Siberian Husky. Aber alle Hunde sollten im Alter von sechs Monaten stubenrein sein.

Die Haltung und Unterbringung Ihres Husky-Welpen

Da die Art der Unterbringung und Beaufsichtigung in direktem Zusammenhang mit der Stubenreinheit steht, müssen wir zunächst über beides nachdenken. Wenn Sie Ihren Welpen nach seiner Ankunft frei im Haus laufen lassen, dann ist das etwa so, als ließen Sie ein Kind in einem Stadion herumirren. Allein die Größe würde für ihn zuviel sein, um damit fertig zu werden. Weisen Sie ihm einen bestimmten Bereich zu, wo er spie-

Entwicklungsschema des Siberian Huskys

Es ist wichtig zu verstehen, wie und in welchem Alter der Welpe Fortschritte in seiner Entwicklung macht. Wenn Sie ein Welpenbesitzer sind, lesen Sie das folgende Entwicklungsschema des Boxers, um festzustellen, welches Entwicklungsstadium Ihr Boxer-Welpe als nächstes erreichen wird. Diese Kenntnisse werden Ihnen helfen, das Verhalten des Welpen in den nächsten Wochen und Monaten zu verstehen.

Abschnitt	Alter	Merkmale
1. BIS 3. ZEIT-ABSCHNITT	**GEBURT BIS ZUR 7. WOCHE**	Welpen brauchen Futter, Schlaf und Wärme und Antworten auf einfache und vorsichtige Berührungen. Sie brauchen ihre Mutter, um ein Gefühl der Sicherheit zu haben und um Disziplin zu lernen. Sie brauchen ihre Wurfgeschwister, um zu lernen wie man sich anderen Hunden gegenüber verhält. Später lernt der Welpe richtiges Verhalten und die dominante Rangordnung im Rudel. In dieser Zeit beginnt auch die Sozialisierung dem Menschen gegenüber, zunächst mit kurzen Begegnungen mit Erwachsenen und Kindern. Mehr und mehr nimmt der Welpe von seiner Umgebung wahr.
4. ZEIT-ABSCHNITT	**8. BIS 12. WOCHE**	Das Gehirn ist voll entwickelt. Der Welpe braucht Kontakt mit der Außenwelt. Er wird von der Mutterhündin ud den Wurfgeschwistern getrennt. Es ist wichtig, ihn in dieser Zeit aus dem Hunderudel ins „Menschenrudel" wechseln zu lassen. Der Mensch muß die dominante Rolle einnehmen. Eine Angstperiode tritt zwischen der achten und 16. Woche ein. Vermeiden Sie in dieser Zeit Furcht und Schmerz.
5. ZEIT-ABSCHNITT	**13. BIS 16. WOCHE**	Erziehung und Unterordnung müssen beginnen. Weniger Zusammenkünfte mit anderen Hunden sind wichtig, mehr mit Menschen, neuen Orten und neuen Situationen. Verhalten sie sich dem Welpen gegenüber konsequent und gerecht. Der Fluchtinstinkt taucht auf. Mangelnde Erziehung oder zu starker Druck können lebenslangen Schaden anrichten. Loben Sie den Hund für gutes Verhalten.
JUGENDALTER	**4. BIS 8. MONAT**	Eine andere Angstperiode durchläuft der Hund zwischen dem siebten und achten Lebensmonat. Sie geht schnell vorbei, aber seien Sie vorsichtig mit Furcht und Schmerz. In dieser Zeit erlangt der Hund seine Geschlechtsreife. Er entwickelt dominante Verhaltensweisen. Nun sollte der Hund „Sitz", „Platz", „Komm" und „Bleib" beherrschen.

ANMERKUNG: DIES IST EIN UNGEFÄHRER ZEITPLAN. INDIVIDUELLE UNTERSCHIEDE BEI WELPEN SIND MÖGLICH.

Achten Sie drauf!
Erfolg, den man durch Zufall erreicht, ist meist nur von kurzer Dauer. Erfolg durch durchdachte und erprobte Methoden stellt sich oft leichter ein und ist beständig. Das ist die Erfolgsmethode. Sie wurde erdacht, um Ihnen und Ihrem Husky zu helfen sich zu einem Hund zu entwickeln, der sauber ist und sich in seinem Zuhause wohlfühlt. Diese Erfolgsmethode kann erlernt werden und Hundeverbände helfen Ihnen gerne dabei.

len, schlafen, fressen und leben kann. Ein Raum, in dem sich auch die Familie aufhält, ist am günstigsten. Welpen sind gesellig und wollen Teil eines Rudels sein. Ihre Stimme zu hören, Sie zu beobachten oder Sie zu riechen – all das hilft ihm, sich als Familienmitglied zu fühlen. Der Wohnraum, die Küche oder die Frühstücksecke sind ideal geeignet, Sicherheit und Schutz für Ihren Welpen zu sein.
Hunde sind von Natur aus saubere Tiere, sie vermeiden es, dort zu sein, wo Sie Ihre Notdurft verrichtet haben, wenn Sie nicht dazu gezwungen sind. In so einem Fall werden sie unsauber und bleiben es ihr Leben lang.
Die Box oder der Korb soll mit einer Decke ausgelegt sein und ein Spielzeug – aber nur eines – sollte für Ihren Welpen darin bereitstehen. Wasser und Futter sollten nicht in der Box sein, denn trinken und fressen aktiviert die Verdauung und macht Ihre Bemühungen um seine Sauberkeit zunichte, oder er fühlt sich schlecht, weil er nichtmehr „aushalten" kann.

Anpassung

Mit Anpassung ist gemeint, daß Ihr Welpe lernen soll, seine Lebensweise der Ihren anzugleichen. Geradeso, wie wir Kindern unsere Lebensgewohnheiten beibringen, müssen wir ihm zeigen, wann es zum Spielen, Fressen, Schlafen, Lernen oder sich selbst zu beschäftigen Zeit ist.
Ihr Welpe sollte immer in seiner Box schlafen. Er sollte auch lernen, daß er in seiner Box bleibt und dort ruhig spielen und sich mit sich selbst beschäftigen kann, wenn Unruhe im Haushalt ist. Immer wenn Sie ihn alleine lassen

Huskys, denen es angewöhnt wurde, sich im Gras zu lösen, werden dafür auch immer wieder Gras suchen.

DIE ERFOLGSMETHODE
6 Schritte zur Gewöhnung an die Box

1 Sagen Sie zu Ihrem Welpen, „Geh in die Box" und setzen Sie ihn rein mit einem kleinen Leckerli. Lassen Sie ihn fünf Minuten in der Box und bleiben Sie solange im Raum. Lassen Sie ihn dann raus und loben Sie ihn sehr. Wenn er Terror macht, lassen Sie ihn solange nicht raus, bis er ruhig ist.

2 Wiederholen Sie den ersten Schritt mehrmals am Tag.

3 Lassen Sie ihn zehn Minuten in der Box. Wiederholen Sie das mehrmals am Tag.

4 Verlängern Sie die Zeit Schritt für Schritt um jeweils fünf Minuten bis zur Dauer von 30 Minuten; bleiben Sie solange im Raum. Gehen Sie nach einem längeren Aufenthalt in seiner Box immer mit ihm nach draußen, damit er sich lösen kann.

5 Jetzt wiederholen Sie Schritt 1 (fünf Minuten in der Box), bleiben aber diesmal nicht im Raum.

6 Verlängern Sie die Zeiten wieder um jeweils fünf Minuten, aber bleiben Sie nicht im Raum. Wenn Ihr Welpe 30 Minuten lang ruhig in seiner Box bleibt – vielleicht sogar schläft – auch wenn Sie nicht im Raum sind, dann wird er auch für einige Stunden ruhig bleiben.

müssen, sollte er in seiner Box bleiben. Welpen sind „Nager". Sie wissen nicht, daß sie weder an Telefon- noch Fernsehkabel und auch nicht an Schuhen oder Tischbeinen nagen dürfen. Ein Fernsehkabel zum Beispiel anzuknabbern, kann fatal enden, wenn dadurch ein Kurzschluß mit Brand entsteht.
Wenn Ihr Welpe an einem Sessel herumbeißt, wenn er alleine ist, werden Sie vielleicht bei Ihrer Rückkehr ärgerlich mit ihm schimpfen. Für ihn wird dann jede Heimkehr von Ihnen zu einem Augenblick der Angst, weil er Sie mit dem früheren Erlebnis ver-

Achten Sie drauf!
Übung macht den Meister!

- Üben Sie mit Ihrem Hund jeden Tag etwa drei bis fünf mal einige Minuten.
- Üben Sie nicht zu lange, ein Hund langweilt sich schnell.
- Wenn Sie müde sind, in schlechter Verfassung oder verärgert, dann sollten Sie besser nicht mit Ihrem Husky üben, Ihre Gemütsverfassung würde sich auf ihn übertragen und seine Bereitschaft mindern.
- Beenden Sie die Übungen, wenn er seine Sache gut macht und loben Sie ihn ausgiebig. Das Training soll Ihnen beiden Spaß machen!

bindet. Er wird sich nicht erinnern, daß er am Sessel genagt hat und daß Sie deshalb ärgerlich mit ihm waren.
Andere aufregende Erlebnisse, zum Beispiel Familienfeiern, können auch für Ihren Welpen ein Spaß sein, vorausgesetzt, er kann aus der Sicherheit seiner Box alles beobachten und auf diese Weise daran teilnehmen. Füttern Sie ihn aber nicht mit allen möglichen Leckereien, von denen er höchstens Magenschmerzen bekommt.

Pünktlichkeit

Wie schon zuvor bemerkt, müssen Welpen jedesmal, wenn sie aus der Box genommen werden, zu ihrem gewohnten Löseplatz geführt werden. Ebenso nach dem Spielen und wenn er morgens aufwacht – das kann bei einem acht Wochen alten Welpen um 5 Uhr morgens sein! Wenn er durch Herumlaufen und Schnüffeln zeigt, daß er nach draußen muß, müssen Sie ihn ebenfalls zu seinem Löseplatz bringen. Solange ein Welpe keine zehn Wochen alt ist, muß man jede Stunde mit ihm nach draußen gehen. Erst wenn er älter wird, können Sie die zeitlichen Abstände verlängern.
Bleiben Sie nicht lange mit ihm in der Gegend, an die Sie ihn zum lösen gewöhnt haben. Kehren Sie nach fünf bis sechs Minuten mit ihm zurück. Wenn es innerhalb dieser Zeit passiert, dann loben Sie ihn ausgiebig und gehen Sie sofort mit ihm nach Hause. Wenn er sein Geschäft nicht erledigt hat, sich aber nach seiner Rückkehr ins Haus erleichtert, sagen Sie „Nein, Nein!“ und verfrachten Sie ihn sofort wieder an den entsprechenden Platz draußen, wo er sich erleichtern soll. Warten Sie dort ein paar Minuten, ehe Sie mit ihm zurückgehen. Schlagen Sie nie einen Welpen und drücken Sie nie seine Nase in seinen Urin oder andere Hinterlassenschaften, wenn ihm ein Malheur passiert ist. Möglicherweise könnte das Malheur passieren, weil Sie nicht oder zu spät bemerkt haben, daß er in Nöten ist. Seien Sie ihm nach einem solchen Mißgeschick nicht böse.
Bringen Sie Ihrem Welpen bei, daß „nach draußen gehen“ nicht spielen bedeutet, sondern notwendige „Geschäfte“ zu erledigen. Wenn er das gelernt hat, kann er auch im Haus oder draußen spielen und doch unterscheiden, wann Spielzeit ist und wann das „Geschäftliche“ erledigt werden muß.
Helfen Sie ihm, sich an Regelmäßigkeit zu gewöhnen, für Schläfchen, alleine zu bleiben, zu spielen oder sich auszuruhen – alles in seiner Box.
Wenn Sie beschäftigt sind, muß er lernen, sich selbst zu beschäftigen und er muß lernen, daß es gut ist, in Ihrer Nähe sein zu können. Das bedeutet aber nicht, daß Sie sich dauernd um ihn kümmern müssen. Sagen Sie immer „Geh in die

Box", oder ein anderes Kommando, das Sie auswählen, wenn Sie ihn in die Box setzen. Später wird er, sobald er Ihr Kommando hört, von selbst in seine Box gehen.
Zu Beginn seiner Erziehung sollten Sie ihn noch nicht so lange in der Box lassen, ausgenommen während der Nacht. Machen Sie die Versuche mit seiner Box zu einem Vergnügen, dann wird er mit zunehmendem Alter seinen kleinen Bereich in der Box lieben und gerne dort sein. Die Box ist gut geeignet, um den Hund an das Alleinsein zu gewöhnen. Aber es darf nicht so sein, daß der Welpe oder auch der ältere Hund aus Bequemlichkeit darin eingeschlossen wird. Keinesfalls ist die Box dazu gedacht, den Hund darin unterzubringen, während man in der Arbeit ist. Die Hundebox bedeutet Sicherheit für Sie, den Hund und für Ihr Haus. Ihr Hund fühlt sich dort sicher, bekommt dadurch Selbstvertrauen und lernt Sauberkeit in seiner Umgebung zu bewahren.
Denken Sie immer daran, daß es bei der Erziehung im Haus sehr wichtig ist, daß Sicherheit gewährleistet ist. Es wird immer wieder Situationen geben, wenn Sie froh sind, daß Ihr Hund kurze Zeit in seiner Box in Sicherheit aufgehoben ist.
Abschließend sei nochmal gesagt: Es gibt einige wenige Schlüsselelemente für eine erfolgreiche Erziehung im Haus und für die Box. Stetigkeit, Häufigkeit, Lob, Sicherheit und Überwachung. Wenn Sie den Ratschlägen folgen und wenn Ihr Welpe in gutem, gesunden Zustand ist, dann wird er bald das Stadium der „Mißgeschicke" hinter sich haben und sein Leben voll und ganz mit Ihnen genießen können.

Wußten Sie schon?
Was für einen Hund richtig ist, muß nicht für jeden Hund richtig sein. Bleiben Sie bei der Erziehung flexibel, wenn eine Methode versagt, versuchen Sie es mit einer anderen.

Achten Sie drauf!
Wenn Sie Ihren Hund erfolgreich erziehen wollen, dann müssen Sie vier Regeln beachten:

1. Lernen Sie die Denkart Ihres Hundes zu verstehen.
2. Tadeln Sie Ihren Hund nicht, wenn er Sie nicht verstanden hat.
3. Verstehen Sie seine Persönlichkeit und handeln Sie entsprechend.
4. Haben Sie Geduld und bleiben Sie konsequent.

Disziplin, Lob und Strafe

Displizin bedeutet, sich entsprechend geltender Regeln zu verhalten. Fehlende Disziplin, speziell in einer Gemeinschaft, bedeutet Chaos und die Gemeinschaft kann daran zerbrechen. Menschen wie Hunde sind soziale Wesen und brauchen Disziplin, um Ihre Aufgaben im Leben zu erfüllen. Sie müssen für Nahrung sorgen, ihr Heim und ihre Nachkommen beschützen. Wenn es im Leben sozialisierter Wesen keine Disziplin geben würde, so würden sie vielleicht vor Hunger oder durch stärkere Wesen sterben.

Hunde brauchen Disziplin, um die Gewohnheiten ihres Rudels (das sind Sie und Ihre Familie) zu verstehen und zu wissen, wie sie sich verhalten müssen, um mit ihnen leben zu können.

Eine Befragung von Hundebesitzern in einer stark bevölkerten Gegend ergab kürzlich, daß diejenigen Besitzer, die ihre Hunde erzogen und ausgebildet hatten, weit mehr mit ihren Hunden zufrieden waren, als diejenigen, die ihre Hunde überhaupt nicht erzogen hatten.

Dr. Edward Thorndike, ein Psychologe, veröffentlichte „Thorndike´s Theory of Learning“. Diese besagt, daß ein Verhalten, das zu einem guten Ergebnis führt, dazu neigt, wiederholt zu werden, und daß ein Verhalten mit schlechtem Ausgang nicht zur Wiederholung neigt. Auf dieser Theorie basieren die heutigen Erziehungsmethoden. Wenn Sie zum Beispiel einen Hund dazu bringen, sich in einer bestimmten Art und Weise zu verhalten und ihn dafür belohnen, dann wird er dies wahrscheinlich wiederholen, weil er einen erfreulichen Erfolg damit hatte.

Gelegentlich ist Strafe nötig, die in direktem Zusammenhang mit dem Vergehen steht. Zum Beispiel wird ein Kind ermahnt, den Ofen nicht anzufassen, weil es sich sonst verbrennt. Das Kind gehorcht nicht, berührt den heißen Ofen und verbrennt sich die Finger. Von da an berührt es den Ofen nicht mehr, weil es sich nicht nochmal verbrennen möchte.

Ein gutes Beispiel, wie ein Hund durch Schaden klug wird, ist der Hund, der die Katze jagt. Er hat zwar oft gehört, er solle die Katze in Ruhe lassen, aber er reizt die Katze immer wieder. Aber eines Tages fährt die Katze herum und haut ihm mit ihren Krallen über sein Gesicht und hinterläßt schmerzende Wunden auf seiner Nase. Das Ergebnis ist, daß der Hund die Katze nicht mehr jagen wird.

Wußten Sie schon?

Ihr Hund schult Sie ebenso wie Sie ihn. Hunde verschaffen sich Aufmerksamkeit. Sie wiederholen immer wieder das, womit sie bereits zuvor Ihre Aufmerksamkeit erzwingen konnten. Hier müssen Sie anfangen, den Hund zu erziehen.

Zubehör für die Ausbildung

Das Halsband

Ein einfaches Halsband zum verschnallen genügt für die meisten Hunde. Wenn ein Hund stark zieht, ist ein Zughalsband besser. Ein Stachelhalsband ist nur in seltenen Fällen nötig, wenn ein Hund sonst gar nicht zu halten ist. Man muß aber lernen, damit umzugehen. In einigen Ländern – zum Beispiel in England – sind solche Halsbänder verboten. In Deutschland sind sie ebenfalls verpönt.

Die Leine

Sie brauchen eine ein bis zwei Meter lange Leine aus Leder oder Nylongewebe. Eine Kette ist ungünstigt. Sie schneidet besonders beim Verlängern und Verkürzen in die Hand.

Leckereien

Haben Sie immer Leckerchen in der Tasche, am besten etwas Nahrhaftes, was leicht geschluckt werden kann. Zum Beispiel ein Stückchen Käse oder Hühnerfleisch ist besser, als ein harter Keks. Denn wenn Ihr Hund mit Kauen beschäftigt ist, vergißt er, wofür er belohnt wurde. Durch Belohnungshäppchen wird Ihr Hund nicht lernen bei Tisch zu betteln. Das lernt er nur, wenn Sie ihn bei Tisch füttern. Wenn Sie Ihren Hund bei der Schulung mit Leckerchen belohnen, so wird er das als Lob begreifen und damit

Ein Halsband zum verschnallen ist allgemein und für jeden Zweck üblich, muß aber bei Welpen täglich neu angepaßt werden. Es kann sogar über Nacht zu eng werden! Es kann aus Nylon oder Leder sein. Bringen Sie sein Erkennungszeichen am Halsband an.

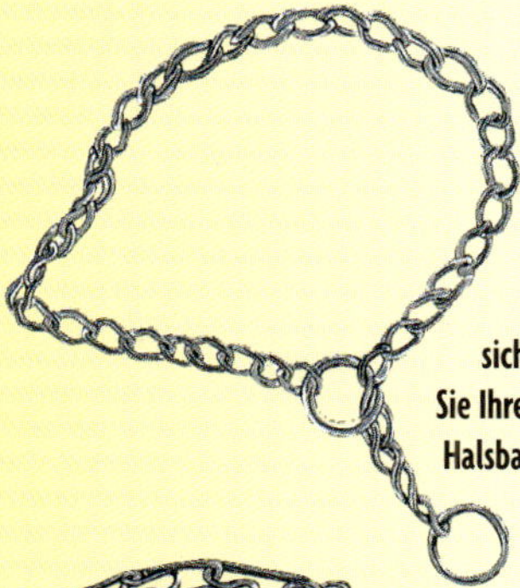

Das Zug-Halsband wird beim Training verwendet. Es wird aus hochglanzpoliertem Stahl gefertigt, so daß die Kette leicht durch den Zugring gleiten kann. Der Hund wird aufhören, an der Leine zu zerren, wenn das Halsband sich zu eng um seinen Hals zieht. Nehmen Sie Ihrem Hund nach dem Training immer das Halsband ab!

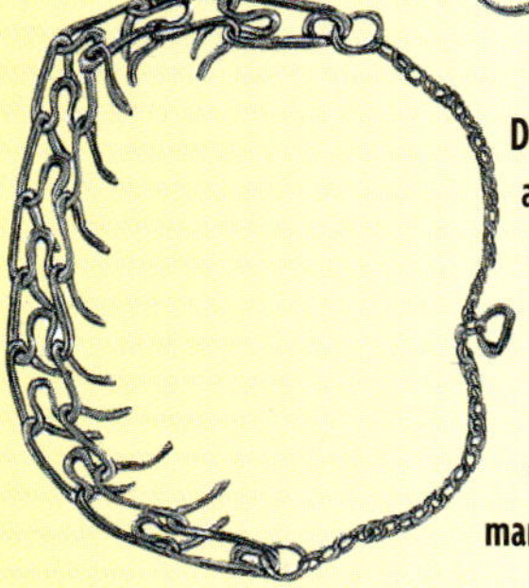

Das Stachelhalsband sieht wie ein mittelalterliches Folterinstrument aus. Zwar ist es nicht als Folter gedacht, doch sollte es nur bei sehr schwierigen Hunden verwendet werden und niemals bei kleinen Hunden. Es darf nur von Hundeführern verwendet werden, die gelernt haben, wie man damit umgeht.

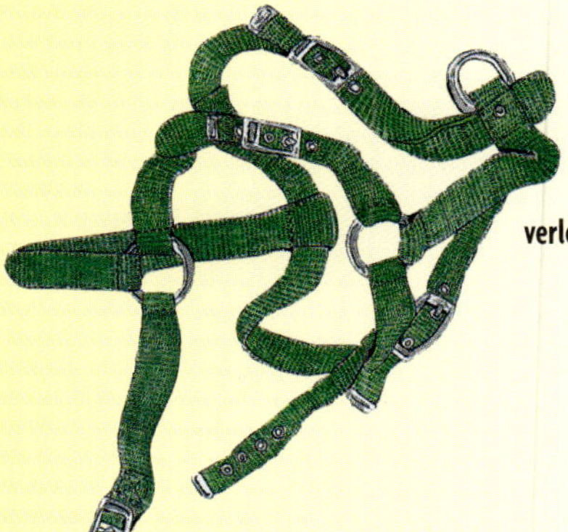

Ein Brustgeschirr ist für die Leinenführigkeit nicht so gut geeignet, da es den Hund zum Ziehen verleitet.

das Verhalten lernen, das Sie sich von ihm wünschen.

Beginn des Trainings
Stellen Sie Ihrem Hund eine Frage. Wenn Sie Ihrem Hund etwas beibringen möchten, müssen Sie erst seine volle Aufmerksamkeit

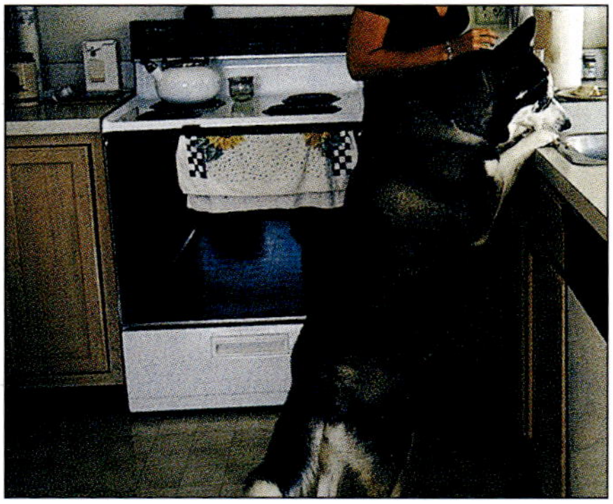

Ihr Hund ist neugierig, speziell was Futter anbelangt. Jede Tendenz zum Betteln oder Stehlen muß unterbunden werden.

besitzen. Solange er abgelenkt ist und an etwas anderes denkt, ist er nicht bereit, etwas zu lernen.
Um seine Aufmerksamkeit zu finden, fragen Sie ihn „Lernen?“ und gehen Sie dabei zu ihm hin, geben Sie ihm ein Leckerchen und sagen Sie „Guter Hund“. Warten Sie ein bis zwei Minuten und wiederholen Sie das Ganze. Gehen Sie diesmal nicht sofort zu ihm, sondern halten Sie kurz vor ihm an, zeigen Sie ihm das Leckerli und sagen dabei wieder „Lernen?“. Er sieht das Leckerli in Ihrer Hand und wird wahrscheinlich auf Sie zugehen. Wenn er bei Ihnen ist, geben Sie ihm das Leckerli und loben ihn dabei.

Das nächste Mal die gleiche Frage. Diesmal gehen Sie mit dem Leckerli in der Hand nur ein kleines Stück auf ihn zu, so daß er einen längeren Weg zu Ihnen gehen muß. Wenn er Sie erreicht, bekommt er wieder sein Leckerli und wird von Ihnen gelobt.
Allmählich wird Ihr Hund begreifen, daß er Leckerchen bekommt und gelobt wird, wenn er auf Sie achtet und besonders dann aufmerksam ist, wenn Sie die Frage „Lernen?“ an ihn richten.
Ihr Hund kennt zwar nicht die einzelnen Worte, die er von Ihnen hört, aber er kann den Tonfall und die Laute wiedererkennen. Es ist für ihn das Signal, zu Ihnen zu gehen und aufmerksam zu sein.

Die wichtigsten Kommandos

„Sitz“
Halten Sie die Leine in der linken Hand und das Leckerli in der rechten. Lassen Sie ihn daran lecken, aber er darf es nicht wegnehmen. Sagen Sie „Sitz“ und heben Sie die Hand mit dem Leckerli über seine Nase, so daß er nach oben schauen muß.

Wußten Sie schon?
Hunde reagieren sensibel auf Stimmung und Gefühlsregungen ihrer Bezugsperson. Seien Sie niemals laut, es sei denn, Sie haben sich über ihn geärgert und wollen ihn zurechtweisen. Ihr „Bellen“ kann für ihn ebenso bedeutungslos werden, wie sein Bellen für Sie. So wie Sie den Hund als Welpen erziehen, so wird er sich auch als erwachsener Hund benehmen.

Wenn er seinen Kopf steil nach oben reckt, muß er dabei seine Hinterläufe beugen, um die Balance nicht zu verlieren. Er nimmt dabei eine Sitzhaltung ein. Jetzt können Sie ihm das Leckerchen geben und ihn ausgiebig loben mit „guter Hund“ oder mit einem von Ihnen gewählten Satz. Vergessen Sie nie, ihn begeistert zu loben, Hunde genießen es, mit Worten belohnt zu werden und sind so stolz, wenn sie eine Aufgabe zur Zufriedenheit ihres Herrchens oder Frauchens erfüllen konnten.

Sie müssen Ihrem Hund nicht immer etwas geben, damit er Ihnen gehorcht, sondern nur, wenn er etwas Neues lernen soll. Aber loben müssen Sie ihn auf jeden Fall. Ihre Stimme haben Sie immer bei sich, aber nicht immer Leckerlies, deshalb sollte Ihr Hund vor allem Ihrer Stimme gehorchen.

„Platz“

Einem Hund das Ablegen beizubringen ist leicht, wenn man weiß, wie er diese Position empfindet. Wenn Sie eine falsche Methode anwenden, so kann das bei Ihrem Hund eine solche Angst auslösen, daß er bei dem Kommando „Sitz“ wegläuft oder zubeißt, wenn man ihn dazu zwingen will.

Ihr Hund soll links möglichst nahe neben Ihnen sitzen. Er soll geradeaus in die gleiche Richtung schauen wie Sie. Halten Sie die Leine in der linken Hand und das Leckerchen in der rechten. Legen Sie nun Ihre linke Hand leicht auf seine Schulter. Drücken Sie ihn aber nicht runter, lassen Sie die Hand nur liegen, damit Sie ihn nahe von Ihrem linken Bein nach unten leiten können.

Gehen Sie nun mit der rechten Hand unter die Hundenase, sagen Sie leise, fast flüsternd „Platz“ und gehen Sie mit der Hand und dem Leckerli noch weiter abwärts bis vor die Vorderläufe des Hundes. Wenn die Hand auf der Erde ist,

Achten Sie drauf!

Die goldene Regel für das Lernen ist einfach: Für jede Frage (Kommando) gibt es nur eine korrekte Antwort (Reaktion) von Ihrem Hund. Geben Sie ihm das vorher ausgesuchte Kommando immer wieder, bis er ohne Zögern korrekt darauf reagiert. Aber wiederholen Sie Ihr Kommando nicht andauernd monoton, es würde ihn langweilen.

Verlieren Sie bei der Erziehung Ihres Hundes nicht den Mut. Mit Geduld und Beharrlichkeit werden Sie schneller als gedacht einen gut erzogenen Husky haben.

bewegen Sie die Hand geradeaus vom Hund weg. Sprechen Sie dabei leise mit ihm, sagen Sie zum Beispiel „Möchtest du das Leckerchen haben? Da, hol es dir doch!" Ihr Stimme beruhigt ihn und er

Ihr Hund wird das sein, was Sie aus ihm machen: Ein feiner Kerl oder eine Plage.

wird versuchen, das Leckerli in Ihrer Hand zu erreichen. Wenn er mit seinem Ellbogen die Erde erreicht, geben Sie ihm das Leckerlich und loben ihn sehr. Versuchen Sie, daß er einige Sekunden unten bleibt. Das Ziel ist, daß der Hund sich ablegt und sich dabei nicht bedrängt fühlt.

Wußten Sie schon?
Hunde verstehen unsere Sprache nicht. Sie können lernen, auf ein bestimmtes Geräusch in einer bestimmten Lautstärke zu reagieren. Wenn Sie „Nein Arko" in einer sehr freundlichen angenehmen Art sagen, wird dies für ihn nicht dieselbe Bedeutung haben wie „Nein Arko", wenn Sie so laut wie möglich schreien. Sie sollten niemals den Namen des Hundes während eines Tadels benutzen, nur das Kommando „Nein". Weil Hunde keine Wörter verstehen, wird im Zirkus häufig ein Wort benutzt, das für die Menschen eine andere Bedeutung hat, als für den Hund, zum Beispiel wenn der Hund das Kommando „Sitz" bekommt, soll er sich hinstellen.

„Bleib"

Beginnen Sie die Übung, indem Sie Ihren Hund wieder an Ihrer linken Seite sitzen lassen. Halten Sie die Leine in der linken Hand, das Leckerchen in der rechten. Halten Sie die rechte Hand unter seine Nase. Sagen Sie „Bleib" und stellen Sie sich vor ihm auf, Ihr Gesicht ihm zugekehrt und lassen Sie ihn dabei am Leckerchen riechen und lecken. Sein Kopf und sein Blick sollen nach oben gerichtet sein. Zählen Sie bis fünf und drehen Sie sich dann wieder in die Position mit dem Hund an Ihrer linken Seite um. Geben Sie ihm dann das Leckerchen und loben ihn ausgiebig.

Damit Ihr Hund „Platz, bleib" lernt, lassen Sie ihn abliegen wie zuvor beschrieben. Sobald er liegt, stellen Sie sich wieder vor ihn, zählen Sie bis fünf und drehen Sie sich dann wieder zurück, so daß Sie Ihren Hund an Ihrer linken Seite haben. Geben Sie ihm das ersehnte Leckerli und loben Sie ihn.

Nach einer Woche oder zehn Tagen können Sie beginnen, ein kleines Stück von Ihrem Hund wegzugehen. Halten Sie dann die Handfläche Ihrer linken hand Ihrem Hund entgegen, als Signal für „Bleib". Es ist ein Handzeichen, wie man es benutzt, etwa um den Verkehr zu stoppen. Halten Sie das Leckerli wieder in der rechten Hand, aber diesmal nicht vor seine Nase. Er wird es beobachten

und wird wissen, daß er es bekommt, sowie Sie wieder an seiner Seite sind.
Wenn Sie circa 30 Sekunden lang in einem Meter Entfernung von ihm bleiben und er bleibt sitzen, dann können Sie allmählich die Zeit und Distanz verlängern. Sie können dann entweder zu ihm gehen oder ihn zu sich rufen. Loben Sie ihn immer, wenn er bleibt.

„Komm"

Machen Sie aus der Übung „Komm" eine Aufforderung zum Spielen, Sie werden einen Schüler haben, der dieses Spiel liebt und Sie nicht im Stich läßt, wenn Sie ihn rufen. Das Geheimnis – so scheint es – ist, niemals das Wort „Komm" zu benutzen.
Wenn ein Besitzer dringend will, daß der Husky kommt, dann ist er oft aufgeregt und ängstlich und das kommt in seiner Stimme zum Ausdruck. Wenn der Hund die Verzweiflung in der Stimme seines Besitzers hört, fürchtet er sich, zu ihm zu gehen und gehorcht entweder überhaupt nicht oder rennt weg. Deshalb gewöhnen Sie Ihren Hund an ein Spiel und wenn Sie wollen, daß er kommt, dann spielen Sie dieses Spiel mit ihm. Es führt in fast in jedem Fall zum Erfolg.
Und so geht es: Jedes Familienmitglied nimmt sich ein paar Leckerlis und jeder geht in einen anderen Raum des Hauses. Dann spielt einer nach dem anderen das „Wo-bist-Du-Spiel" mit ihm.
Auf den Ruf „Wo bist Du?" wird der Hund der Stimme nachlaufen und Sie schließlich finden. Verwöhnen und loben Sie ihn dann überschwenglich.
Dann ruft der nächste ebenso „Wo bist Du?" und der Hund wird früher oder später auch ihn finden und begeistert begrüßt, verwöhnt und gelobt werden. Und so geht es der Reihe nach und immer, wenn er so gerufen wird, kommt der Hund bald von überall her angerannt und wird belohnt für seinen „Sieg".
Das Kommando zum Kommen ist eines der wichtigsten, die ein Hund beachten muß. Es ist interessant, daß es Ausbilder von Hunden gibt, die hunderte von Hunden ausbilden und nie das Wort „Komm" verwenden.

Ihr Husky muß die ihm befohlene „Sitz"-Position solange beibehalten, bis Sie ihm das Kommando zum Aufstehen geben.

Hunde, die mit ihrem Namen und mit anschließendem „Wo bist Du?“ gerufen werden, kommen eilends angerannt. In einem Fall hatte eine Frau einen zwölf Jahre alten Begleithund, der erblindet war, der aber immer seine Herrin fand wenn er hörte „Wo bist Du?“.

Vor allem Kinder lieben das Suchspiel. Sie können sich auch leichter verstecken – unter dem Tisch, hinter dem Bett usw. Ihr Hund muß etwas länger suchen, aber dann freut er sich um so mehr, wenn er diese geheimen Plätze und seinen kleinen Freund finden konnte und genießt Leckerli und überschwengliches Lob.

„Bei-Fuß-Gehen“

„Bei-Fuß-Gehen“ bedeutet, daß Ihr Husky an Ihrer linken Seite gehen soll, ohne an der Leine zu ziehen. Es braucht etwas Geduld und Zeit, bis Sie Ihrem Hund begreiflich machen konnten, daß er ruhig neben Ihnen geht. Sie dürfen nicht akzeptieren, daß er zerrt und vor Ihnen gehen will.

Halten Sie die Leine in der linken Hand, Ihr Husky sitzt an Ihrer linken Seite. Halten Sie das Ende der Leine in der rechten Hand, aber halten Sie die Leine kurz mit der linken Hand, so daß Ihr Hund nahe neben Ihnen ist. Sagen Sie „Bei-Fuß“ oder nur „Fuß“ und gehen Sie drei Schritte vorwärts, halten Sie und lassen Sie Ihren Husky wieder nahe links neben Ihnen sitzen. Loben Sie ihn, aber ohne ihn zu berühren. Warten Sie einen Augenblick, sagen Sie dann wieder „Bei-Fuß“, machen Sie wieder drei Schritte vorwärts und nach dem Halten muß Ihr Hund wieder nahe links neben Ihnen sitzen. Ihr Ziel muß sein, daß Ihr Hund diese drei Schritte neben Ihnen geht, ohne zu zerren. Sobald er diese drei Schritte ruhig neben Ihnen zu gehen gelernt hat, üben Sie mit fünf, dann mit zehn Schritten und nach und nach immer längeren Strecken, bis Ihr Husky ruhig neben Ihnen geht, so lange Sie es wollen.

Wenn Sie die Übung beenden wollen, dann loben und streicheln Sie ihn und sagen „Guter Hund“, „Braver Hund“. Das heißt dann für ihn, daß die Übung beendet ist und er sich jetzt ausruhen kann.

Wenn Sie einen Hund haben, der Sie ständig in der Gegend umherziehen will, dann bleiben Sie mit aller Kraft solange stehen, bis Ihr Siberian Husky begreift, daß Sie nicht weitergehen, ehe er an Ihrer Seite bleibt und sich Ihrem Tempo anpaßt. Er muß lernen, daß Sie der Führer sind, der die Richtung und das Tempo bestimmt.

Immer dann, wenn Ihr Hund zu Ihnen aufschaut und ruhig neben Ihnen geht, können Sie die Leine ein wenig lockern, ihn loben und mit ihm sprechen „Brav, bei Fuß, guter Hund“. Ihr Hund wird schließlich reagieren und nach einigen Tagen ruhig an Ihrer linken Seite gehen, ohne zu zerren.

Zunächst sollten die Übungszeiten kurz sein und möglichst erfolgreich enden; später wird Ihr Hund

brav neben Ihnen gehen. Geben Sie ihm aber immer genügend Gelegenheit zum Spielen und Toben, sowie zum Ausruhen.

Es geht auch ohne Leckerchen!
Mit Leckerchen lernt der Hund zunächst leichter, was von ihm verlangt wird. Aber sobald er Ihre Befehle versteht und befolgt, sollten Sie ihm die Leckerchen nach und nach abgewöhnen. Zunächst bekommt er immer ein Leckerchen, wenn er Ihren Befehl befolgt hat, später wird er nur jedes zweite Mal belohnt, dann nur noch in unregelmäßigen Abständen, so daß der Hund vorher nie weiß, gibt es jetzt Leckerchen und Lob oder nur Lob. Dieses System nennt man „Unregelmäßige Zuteilung von Belohnung" und ist deshalb so erfolgreich, weil der Hund jedesmal hofft, ein Leckerchen zu bekommen, deshalb wird er sich immer darum bemühen, das heißt Ihren Wünschen folgen. Vergessen Sie aber nie, ihn mit Worten oder Streicheln zu belohnen.

„Obedience" – Gruppentraining
Es wäre eine gute Idee, an einem Obedience-Training in der Gruppe teilzunehmen. Obedience heißt zu deutsch Gehorsam und ist das international gebräuchliche Wort bei entsprechenden Wettbewerben. Vielerorts gibt es Hundeclubs, die Grundkurse für Obedience durchführen und auch Kurse zur Vorbereitung auf Wettbewerbe. Auch Hundeschulen bieten Grundschulungen in Obedience an.
Bei Obedience-Wettbewerben gibt es Prüfungen in verschiedenen Klassen, in denen Titel vergeben werden. In der untersten Klasse werden Grundübungen verlangt wie zum Beispiel „Sitz", „Platz", „Bei-Fuß" usw. In den höheren Klassen geht es unter anderem um Springen, Bringen, Suchen, Erkennen. Das Training für die höheren Klassen erfordert viel Zeit und Einsatz

Ihr Hund soll ruhig an Ihrer linken Seite bleiben, ob Sie gehen oder laufen. Er darf keinesfalls an der Leine ziehen.

Achten Sie drauf!
Wenn Sie meinen, daß Ihr Husky zuverlässig „Bei-Fuß" geht, können Sie beginnen, ihn ohne Leine neben sich auf der linken Seiten gehen zu lassen. Üben Sie das mit ihm in einem eingezäunten Grundstück, damit er nicht weglaufen kann.

Huskys reagieren stark auf schmackhafte Belohnungen. Aber Ihr Husky sollte sie nur bekommen, wenn er etwas Neues lernt. Man muß also sparsam mit den Leckereien umgehen, damit aus dem Leckerchen keine Extra-Mahlzeit wird.

für beide, Hund und Trainer. Die Titel, die hier vergeben werden, sind sehr renomiert.

Weitere Aktivitäten

Egal ob ein Husky in einer Gruppe oder nur von Ihnen zu Hause ausgebildet wird, gibt es noch viele andere Möglichkeiten, die Spaß machen und sich für beide – für Sie und Ihren Hund – lohnen. Der Hund kann im Garten oder auf dem Hof helfen, das ist nur eine Erleichterung für seinen Besitzer, sondern Ihr Husky bekommt ein besonderes Gewicht als wertvoller Helfer für die Familie.

Wandern Sie mit Ihrem Husky, dann ist dies nicht nur für Ihren Hund gut, sondern auch die Kameradschaft zwischen Mensch und Tier wird immer besser.

Wenn Sie an Wettkämpfen mit Ihrem Husky teilnehmen wollen, dann gibt es außer Obedience-Prüfungen auch Agility-Wettbewerbe, die immer mehr Interesse finden. Die Hunde müssen dabei einen Hinderniskurs mit Sprüngen, Tunnels, Wippen und anderem durchlaufen. Dabei sind Schnelligkeit und Gehorsam gefragt, eine gut funktionierende Partnerschaft zwischen Hund und Besitzer ist die Voraussetzung dazu, vor allem wenn man weiß, daß Huskys eigenwillige Hunde sind, die sich nur ungern von ihren eigenen Zielen abhalten lassen. Wenn Sie einen in dieser Hinsicht besonders typischen Rassevertreter haben, dann könnte Agility für Hund und Besitzer auch zum Streß werden. Nicht jeder Besitzer eines Siberian Huskys kann am berühmten „Iditarod-Rennen“ in Alaska teilnehmen, aber auch hierzulande kann man mit ihnen Wintersport betreiben. Kinder sind glücklich, wenn ihr Husky den Schlitten zieht und für Langläufer auf Skiern ist er die ideale Lokomotive beim Skijöring. Und natürlich gibt es auch in unseren Breiten, vor allem im Bergland, Schlittenhunderennen. Die örtlichen Clubs können darüber informieren. Aber auch wenn es nur beim ausgelassenen Spiel im Schnee bleibt – Ihr Husky wird dabei glücklich sein und sich richtig „zu Hause“ fühlen.

Kaum eine Hunderasse wurde so

durch ihren Verwendungszweck geprägt, wie der Husky. Große Ausdauer und Robustheit waren wichtige Eigenschaften. Die hat der Husky auch heute noch. Besonders wegen seiner Bewegungsfreude ist es wichtig, daß er ausgelastet ist. Wegen seines ausgeprägten Jagdtriebs und seiner nicht ganz leichten Erziehung ist es nicht immer möglich, ihn überall frei ohne Leine laufen zu lassen. Deshalb muß man auf andere Weise für eine ausreichende Bewegung achten. Der Husky ist nichts für Stubenhocker oder solche Menschen, die hauptsächlich gemütlich unterwegs sein wollen. Er möchte, daß sich etwas rührt. Deshalb ist er ein guter Begleiter für sportliche Menschen. Wie alle Hunde, so muß aber auch der Husky allmählich trainiert werden, damit sich sein Körper auf die Aktivitäten einstellen kann. Hochleistungen wie z. B. Laufen vor dem Trainingswagen dürfen ihm in der wärmsten Jahreszeit allerdings nur bis zu einer Temperatur von 15 °C abverlangt werden. Auch in seiner nordischen Heimat wird er im Sommer nicht für die Arbeit eingesetzt.

Der Husky als Begleiter beim Joggen

Wer gern joggt, hat im Husky einen angemessenen Begleiter. Falls er nicht so gut gehorcht, daß man ihn dabei ohne Leine laufen lassen kann, muß er leider angleint mit-

Huskys wurden gezüchtet und trainiert, um Schlitten über lange Strecken bei eisigen Temperaturen zu ziehen.

laufen. Dafür sollte er gelernt haben, ordentlich an der Leine zu gehen und nicht zu ziehen. Sonst wird diese gemeinsame Unternehmung zum Streß. Im Fachhandel gibt es spezielle Leinen für das Joggen, die man am Körper trägt. So hat man die Hände frei.

Der Husky als Begleiter am Fahrrad

Auch diese Bewegung entspricht dem Naturell des Huskys. Aber beginnen Sie das Training mit kurzen Strecken und steigern Sie die Distanz allmählich. Auch am Rad soll der Husky nicht ziehen, sondern locker mitlaufen. Gewöhnen Sie ihn an einen Befehl, den Sie nur sagen, wenn er am Rad laufen soll. Am Fahrrad läuft der Hund normalerweise rechts, da er Sie so im Falle eines Falles nicht auf die Straße ziehen kann. Halten Sie die Leine locker und wickeln Sie sich nicht um die Hand. Das kann sonst böse Folgen haben, wenn der Hund plötzlich zur Seite zieht. Beim Fahrradfahren mit dem Husky ist es wichtig, sich eine geeignete Strecke auszusuchen. Verkehrsreiche Straßen sollte man besser meiden und das ständige Laufen auf Asphalt ist schlecht für die Beine.

Wanderungen mit dem Husky

Für Bergwanderer und Tourengeher ist der Husky ebenfalls ein sehr geeigneter Begleiter. Natürlich auch im Winter. So mancher Huskyfreund nimmt seinen Hund auf Skitouren mit. Wie überall in der Natur sollten Sie auch in den Bergen darauf achten, daß der Hund unter Ihrer Kontrolle ist.

Siberian Huskys bei einem Schlittenhunderennen.

Gesundheitsvorsorge für Ihren Siberian Husky

Als Säugetiere haben Hunde oft die gleichen Krankheiten, wie Menschen. Ebenso teilen Sie viele psychische Probleme. Weil man die menschlichen Krankheiten gewöhnlich intensiver erforscht hat, als die kynologische Seite, gibt dieses Kapitel in einer vertrauten Wortwahl Auskunft, die nicht notwendigerweise in jeder Tierarztpraxis benutzt wird. So verwenden wir etwa das Wort „Symptom", obwohl wir wissen, daß Hunde keine Symptome zeigen, sondern einen klinischen Befund aufweisen. Symptom ist die wörtliche Umschreibung des allgemeinen Befindens eines Patienten. Da Hunde aber nicht sprechen können, müssen wir die klinischen Anzeichen herausfinden. Wir benutzen dennoch in diesem Buch das Wort Sympton.

Als generelle Regel ist zu beachten, daß Medizin praktiziert wird. Dieses Wort ist nicht willkürlich gewählt. Medizin ist eine Kunst. Es ist ein konstantes Hinzulernern und Erweitern von Kenntnissen, da wir ständig mit neuen Forschungsergebnissen konfrontiert werden. Wir lernen ständig mehr über die Genetik, elektronische Hilfsmitteln und erfahren in vielen Gebieten neue Erkenntnisse. Es gibt viele Hundekrankheiten wie beispielsweise HD (Hüftgelenksdysplasie), die nicht generell in gleicher Weise behandelt werden. Manche Tierärzte raten viel früher zu einer Operation als andere.

Auswahl eines guten Tierarztes

Die Wahl eines Tierarztes sollte nicht ausschließlich auf persönlicher Sympathie beruhen, obwohl dies meistens der Fall ist. Es muß auch berücksichtigt werden, ob der Tierarzt in Ihrer Nähe wohnt, falls Sie einen Notfall haben oder regelmäßige Besuche machen müssen. Sie sollten einen Tierarzt wählen, der eventuell eine Möglichkeit zur Unterbringung Ihres Hundes in seiner Praxis hat. Hier bietet sich auch eine Tierklinik an. Diese hat Behandlungsräume, die es ermöglichen, auch komplizierte Anliegen zu behandeln und die ein gutes Ansehen genießen sowie verantwortungsbewußtes Fachpersonal beschäftigen. Es gibt nichts ärgerlicheres, als einen Tag oder länger auf eine Antwort zu einem ärztlichen Befund zu warten. Alle zugelassenen Tierärzte haben normalerweise Ihre Zusatzdiplome in der Praxis aushängen. Viele Tierärzte haben sich spezialisiert. Es gibt Herzspezialisten (vet. Kardiologen), Hautspezialisten (vet. Dermatologen), Zahn- und Kieferspezialisten (vet. Dentisten), Augenspezialisten (vet. Ophthalmologen), Röntgenfachärzte (vet. Radiologen) und Chirurgen, die sich auf Knochen, Muskeln und andere Organe spezialisiert haben. Die meisten Tierärzte machen Routineoperationen selbst. Außerdem werden Kastrationen vorgenommen, das Nähen von Wunden und das Kupieren von Ruten bei den Rassen, bei denen dies noch erlaubt ist.

Wenn Ihr Hund ein ernstes Problem hat, so ist es nicht unüblich, eine weitere fachärztliche Meinung einzuholen. Ebenso sollten Sie die Kosten zwischen den verschiedenen Tierärzten vergleichen. Ernsthafte Gesundheitsvor- und -nachsorge und tierärztlichen Service können sehr kostspielig sein. Zögern Sie nicht, die Kostenfrage mit dem Tierarzt oder einem Angehörigen seines Teams zu diskutieren. Es ist nicht unüblich, wenn in wichtigen Entscheidungen auch die finanziellen Aspekte mit einfließen.

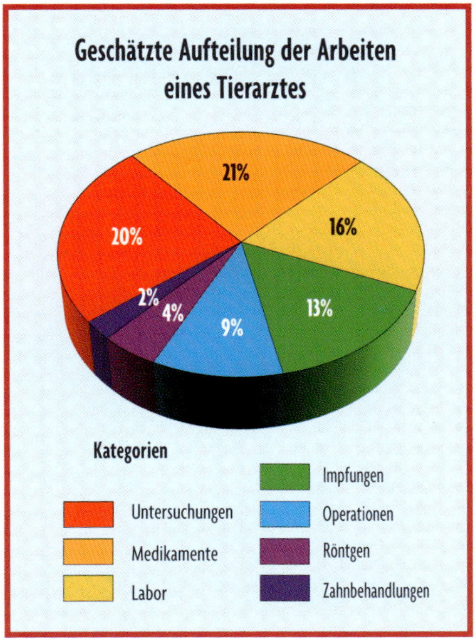

Gesundheitsvorsorge

Es ist immr besser, Krankheiten vorzubeugen, als sie später bekämpfen zu müssen.

Gut aufgezogene Welpen haben Elterntiere mit gesunden genetischen Eigenschaften. Ihre Mutter ist geimpft, frei von allen inneren und äußeren Parasiten und gesund ernährt. Durch die Kolostralmilch ihrer Mutter sind sie für die Dauer von acht bis zehn Wochen weitgehend resistenz gegen gesundheitliche Gefährdungen. Da der behandelnde Tierarzt der Mutter diese bezüglich ihrer gesundheitlichen Konstitution kennt, wäre ein Besuch bei diesem nützlich, um entsprechende Informationen zu erhalten.

Mit etwa acht Wochen können Welpen entwöhnt werden. Wenn

Sie zu diesem Zeitpunkt ihre Mutter und Geschwister verlassen, gewöhnen sie sich recht leicht an die neue Umgebung sowie an andere Menschen und Tiere.

Es ist gut, wenn Sie ihren kleinen Welpen gleich in den ersten Tagen von einem Tierarzt untersuchen lassen und sich über die zukünftig notwendigen Impfungen informieren lassen. Seine Zähne, sein Knochenbau und sein allgemeiner Gesundheitszustand sollen nochmals überprüft werden. Ihr Züchter wird Ihnen einen Impfpaß aushändigen,wenn Sie Ihren Husky abholen und dieser seine erste Impfung dort bereits erhalten hat. Geben Sie diesen Impfpaß bei Ihrem Tierarzt ab, damit er sieht, welche Impfung bereits vorgenommen wurde. Die weiteren Impftermine wird er dann mit Ihnen besprechen.

Die erste Schutzimpfung erfolgt in der sechsten bis achten Lebenswoche, die zweite in der zehnten bis zwölften Woche. Ihr Hund hat erst nach der zweiten Impfung den vollen Impfschutz.

Ihr Husky hat nach der zweiten Impfung vollen Schutz gegen Staupe, Hepatitis, Katzenseuche (Parvovirose) und Stuttgarter Hundeseuche (Leptospirose) und Tollwut. Nach etwa einem halben Jahr ist der Zahnwechsel erfolgt. Mit etwa 12 Wochen wird der Hund gegen Tollwut geimpft, die vor allem bei Auslandsreisen zwingend ist. Ebenso ist eine Impfung gegen Tollwut bei der Teilnahme an Ausstellungen notwendig. Leptospirose-, Parvovirose- und Tollwutimpfung werden jährlich wiederholt, Staupe- und Hepatitisimpfung alle ein bis zwei Jahre.

Tracheobronchitis (Zwingerhusten) bei Welpen kann ebenfalls durch eine Impfung und zwar mittels eines Nasensprays verhindert werden.

Hunde, die zur Zucht verwendet werden sollen, müssen auf vererbbare Fehler, zum Beispiel Hüftgelenksdysplasie oder Augenschwäche untersucht werden. Bei Rüden oder Hündinnen, die nicht zur Zucht vorgesehen sind, ist eine Kastration oder Sterilisation in Erwägung zu ziehen. Sprechen Sie zunächst mit Ihrem Tierarzt darüber. Eine Kastration hat einige Vorteile. Rüden wollen der jeweiligen Dame Ihres Herzens nicht mehr um jeden Preis über

Wußten Sie schon?

Die beste Gesundheitsvorsorge für gesunde Welpen ist eine gesunde, richtig ernährte Mutter. Welpen haben fast immer Würmer, auch wenn man sie nicht direkt bemerkt. Regelmäßige Entwurmung ist sehr wichtig. Die erste Entwurmung findet bereits beim Züchter statt. Im ersten Lebensjahr soll Ihr Husky-Welpe alle drei Monate entwurmt werden, danach etwa dreimal jährlich.

und durch den Zaun und über die weitesten Wege ihre Liebe beweisen. Sie werden ruhiger, verbrauchen allerdings auch weniger Kalorien, aber das läßt sich mit entsprechend vernünftiger Ernährung steuern, so daß sie keineswegs dick werden müssen, vorausgesetzt, sie haben ausreichend Bewegung.

Ein Rüde sollte nur kastriert werden, wenn er hypersexuell ist, also zuviele Hormone hat und deshalb dem Besitzer Probleme bereitet.

Hündinnen werden meist aus Bequemlichkeit des Besitzers kastriert, weil danndie Eireifung entfällt und keine unangenehmen Begleitsymptome auftreten. Da neben den Eierstöcken meist auch die Gebärmutter entfernt wird, tritt keine Gebärmutterentzündung mehr auf, die oft in Krebs ausartet. Diese Tatsache ist jedoch nicht als Krebsverhinderung anzusehen. Ebenfalls entfällt die bei vielen Hündinnen auftretende Scheinschwangerschaft, die recht lästig sein und ebenfalls Entzündungen am Gesäuge zur Folge haben kann. Allerdings kann es vorkommen – bei ca. 7 bis 10 % der operierten Hündinnen – daß einige Monate danach das gefürchtete Harnträufeln eintritt, oft ein Todesurteil für die Hündin, wenn ein Besitzer die Mühe scheut, die mit der Reinhaltung der Hündin und ihres Lagers oft über viele Jahre verbunden ist. Die Entscheidung, ob man seinen Hund kastrieren läßt ist sehr schwierig, denn sicherlich ist jeder größere Eingriff in den Körper auch ein großer Einschnitt und ruft viele Veränderungen im Hormonhaushalt hervor, die auch ins negative schlagen können.

Gesundheitsvorsorge nach dem ersten Lebensjahr

Sollten Sie mit Ihrem Siberian Husky keine Ausstellungen besuchen oder eventuell züchten wollen, dann stellt sich zu diesem Zeitpunkt eventuell die Frage einer Kastration. Im Allgemeinen wird dies in Deutschland heute nur noch selten vorgenommen, da man der Meinung ist, daß eine Notwendigkeit nur vorliegt, wenn gesundheitliche Aspekte ausschlaggebend für eine Kastration sind. Für die Kastration einer Hündin ist die Zeit nach der dritten Hitze am besten geeignet.

Versäumen Sie nicht die regelmäßigen Tierarztbesuche mit Ihrem Siberian Husky. Es ist ratsam, einmal im Jahr einen allgemeinen Gesundheitstest durchführen zu lassen. Ansonsten ist ein Tierarztbesuch nur zu den notwendigen Impfterminen erforderlich.

Wenn Ihr Siberian Husky dann älter wird, dann sollten Sie beachten, daß sein Stoffwechsel sich auf die Erfordernisse im Alter einstellen muß. Seine Augen können an Sehkraft verlieren, sein Hör-

Gesundheitsvorsorge und Impfplan

Alter in Wochen:	3	6	8	10	12	14	16	ab 1. Jahr
Entwurmen		✔			✔		✔	
Parvovirose		✔		✔		✔		
Leptospirose			✔		✔		✔	
Staupe			✔		✔		✔	
Tollwut					✔			
Hepatitis			✔		✔		✔	
Zahnkontrolle			✔		✔			
Augenkontrolle			✔		✔			
Ohrenkontrolle			✔		✔			
Kontrolle der Hüften								✔
Allgem. Untersuchung			✔		✔			

Impfungen sind nicht sofort effektiv. Das Immunsystem des Hundes benötigt etwa zwei Wochen zur Entwicklung von Antikörpern. Die meisten Impfungen erfordern Nachimpfungen, die in jährlichen Abständen oder auch nur alle zwei Jahre fällig werden. Ihr Tierarzt wird die Impfintervalle festlegen und überwachen.

vermögen kann nachlassen. Auch die Leberfunktionen, Niere und Blase sind manchmal in ihrer Funktion eingeschränkt. Hier muß eine Futterumstellung auf ein altersgerechtes Futter erfolgen. Tierärztliche Vorsorge kann Ihrem Siberian Husky das Älterwerden erleichtern.

Hautprobleme beim Siberian Husky

Öfter als wegen jeder anderen Krankheit erscheinen Hundebesitzer wegen Hautproblemen Ihres Hundes beim Tierarzt. Die Haut von Hunden ist ebenso anfällig wie die von Menschen und die Beschwerden sind weitgehend die gleichen. Weil viele Hautkrankheiten visuell kaum voneinander zu unterscheiden sind, kann nur ein Tierarzt feststellen, um welche Beschwerden es sich im Einzelfall handelt oder welche Behandlung man einsetzen muß. Suchen Sie hier daher möglichst bald Ihren Tierarzt auf, wenn Sie Unregelmäßigkeiten an der Haut Ihres Huskys feststellen. Die vom Handel angebotenen Mittel zur Behandlung von Hautproblemen beseitigen zwar die Symptome, nicht aber die Ursachen.

Vererbbare Hautkrankheiten

Viele Hautkrankheiten bei Hunden sind erblich und einige davon tödlich. Acrodermatitis ist eine Krankheit, die von beiden Elternteilen vererbt wird. Die Eltern selbst müssen nicht betroffen sein, tragen aber ein rezessives Gen, das sie auf ihre Nachkommen vererben können. Acrodermatitis ist ein Beispiel dafür, wie schwierig manche Hundekrankheiten zu erkennen und folglich auch zu behandeln sind. Selbst wenn man bedenkt, daß Hunde mit Acrodermatitis kaum ein Alter von zwei Jahren erreichen, sind doch die Kosten und der wissenschaftliche Aufwand zu hoch, um Elterntiere auf diese Erbfaktoren zu untersuchen.

Wußten Sie schon?

Es besteht eine 4:1 Möglichkeit, daß Ihr Welpe die Genkombination der rezessiven Acrodermaditis geerbt hat.

aa = normal gesund

AA = Krankheitsbefall

Aa = rezessiv, normale Anzeichen

Die Hündin hat das Gen Aa und der Rüde ebenfalls das Gen Aa. Dies birgt die Möglichkeit von 1:4, daß der Welpe die fatale Genkombination AA geerbt hat.

Hündin

Rüde	A	a	♀
A	AA	Aa	
a	Aa	aa	
♂			

Zinkmangel – Dermatose

Huskys und auch andere nordische Hunderassen leiden gelegentlich darunter, daß vom Darm das Mineral Zink schlecht absorbiert wird. Zink ist aber wichtig für den Körper und stärkt das Immunsystem. Auftretende Hautprobleme können mit Beigaben von Zink und Vitamin A zum Futter behandelt werden.

Insektenstiche

Hunde reagieren, wie Menschen auch, empfindlich gegen Insektenstiche. Aber im Gegensatz zu Menschen können Hunde die Insekten nicht vor dem Biß abwehren. Die Bißstelle beginnt zu jucken, schwillt an und kann auch zu einer Infektion führen, weil der Hund kratzt und daran herumbeißt. Das Insekt hat vielleicht auch Eier abgelegt, was zu weiteren Problemen führen kann. Das Jucken wird durch den Speichel des Insekts während des Blutsaugens verursacht.

Autoimmune Hautreaktionen

Das bekannteste autoimmune Hautleiden ist „Lupus“, das auch

Warum ein Hund an seinen Läufen solange leckt, bis sich die wunde Stelle infiziert, weiß man nicht. Man kann die betroffenen Stellen zwar behandeln, aber das Lecken nicht verhindern.

bei Menschen bekannt ist. Die Symptome sind sehr verschieden und können an den Nieren, in den Knochen, im Blut und an der Haut auftreten. Lupus kann bei Menschen und bei Hunden tötlich enden. Es werden Cortison, Prednison und ähnliche Präparate eingesetzt, die aber unangenehme Nebenwirkungen verursachen können, wenn sie in starker Dosierung und über längere Zeit gegeben werden.

Leck-Dermatose (Leck-Granulom)

Dieses Syndrom bedeuet, daß der Hund ständig an bestimmten Körperstellen leckt und mit den Zähnen knabbert, vor allem an den Vorderläufen. Er tut das so intensiv, daß an den betroffenen Stellen große, häßliche Wunden entstehen. Zur Behandlung werden Corticosteroide eingesetzt.

Pollenallergie

Pollenallergie kommt auch bei Hunden vor, wenn der Pollenflug stark ist.

Die allergischen Erscheinungen sind nicht die gleichen wie beim Menschen. Hunde bekommen keinen „Heuschnupfen" mit Niesen und Schnupfennase, tränenden Augen usw. Hunde zeigen die gleichen Reaktionen wie bei Insektenstichen, sie kratzen und knibbeln an ihrem Fell oder an ihrer Haut. Siberian Huskys sind leider sehr empfänglich für eine Pollenallergie.

Allergie-Tests sind bei Hunden ebenso möglich wie beim Menschen. Falls Sie allergische Reaktionen bei ihrem Hund vermuten, dann holen Sie den Rat Ihres Tierarztes ein.

FutterAllergien

Viele Futtermittel erzeugen Allergien bei Hunden, selbst wenn sie von bester Qualität sind und von Züchtern und Tierärzten empfohlen werden. Das Fertigmittelfutter zu wechseln, genügt meistens nicht, weil auch in einem anderen Futter die gleichen Allergene enthalten sein können. Ob es sich bei allergischen Huskys um eine Futtermittelallergie handelt, ist schwierig zu erkennen. Menschen erbrechen oder bekommen einen Hautausschlag, wenn sie etwas

Seite gegenüber: Mikrototografie eines Katzen- oder Hundeflohs in mehr als hundert-facher Vergrößergung.

gegessen haben, worauf sie allergisch reagieren. Hunde reagieren eher mit Kratzen und Beißen wie auch zum Beispiel bei der Pollenallergie.
Während Pollenallergien und Insektenstiche in bestimmten Jahreszeiten auftreten, verursachen Nahrungsmittelallergien während des ganzen Jahres Probleme.

Behandlung von Futterallergien

Mit Futtermittelallergien und -unverträglichkeit umzugehen, ist durchaus möglich. Gewöhnen Sie Ihren Hund an ein Futter, das er zuvor nie gefressen hat.
Beginnen Sie mit einer Zutat, die seinem gewohnten Futter nicht beigemengt war. Zutaten wie Fisch oder Rindfleisch sind in fast allen fertigen Futtersorten. Versuchen Sie es also mit etwas Ungewöhnlichem wie Truthahn, Kaninchen oder sogar Fleisch von einem Strauß. Sie können es aber auch einfach mit Kartoffeln oder Gemüse probieren. Füttern Sie Ihren Hund damit einen Monat lang, ohne jede andere Beigabe. Wenn die allergischen Erscheinungen verschwinden, dann sind Sie einer verträglichen Futtermischung schon näher gekommen. Sie müssen nun versuchen, eine ausreichende und bekömmliche Zusammensetzung seines zukünftigen Futters zu finden, indem Sie jeweils nach einem Monat eine weitere Zutat verwenden, auf die Ihr Hund nicht allergisch reagieren darf. Mit der Zeit werden Sie ein ausreichendes Futter zusammengestellt haben, das Ihr Husky verträgt.

Achten Sie drauf!

Es gibt Hunde, die allergisch auf Impfungen reagieren. Ihr Körper bildet dann keine Antikörper. Lassen Sie Ihren Husky noch eine Stunde nach der Impfung beim Tierarzt, denn sollte sich eine allergische Reaktion einstellen, ist der Tierarzt in der Nähe, um Erste Hilfe zu leisten.

Parasiten am Hundekörper

Flöhe sind eines der größten Probleme beim Hund. Um Flohbefall in Grenzen halten zu können, muß man den Lebenszyklus von Flöhen kennen. Leider gibt es kein einziges Bekämpfungsmittel für Sie (Insektizid), das man unbesorgt verwenden könnte. Man soll also versuchen, das schwächste Glied in der Entwicklungskette mit geeigneten Mitteln zu bekämpfen.

Der Lebenszyklus eines Flohs

Flöhe treten in vier Formen auf: Eier, Larven, Puppen und erwachsene Flöhe.
Mit einem Vergrößerungsglas können Sie die Eier, Puppen oder Larven eines Flohs erkennen. Sie verbringen ihr ganzes Leben auf

Eine außergewöhnliche Aufnahme: Ein Floh springt von einem Hunderücken ab.

Ihrem Husky, wenn sie nicht ständig durch Bürsten, Baden, Kratzen und Beißen bekämpft werden. Einige Floharten befallen Hunde und Katzen. Der Hundefloh ist unter der Bezeichnung *Ctenocephalides canis* bekannt. Flöhe legen ihre Eier auf dem Hund ab, diese kleben, sobald sie trocken sind, aber nicht mehr am Fell und fallen ab. Sie sind das Reservoir für weitere Flohplagen. Wenn Ihr Hund sich kratzt und somit einige Flöhe vertreiben kann, warten diese nur ab, bis sie den Hund von neuem attackieren können. Auch der Mensch ist vor der Flohplage nicht sicher. Und deshalb ist es so wichtig, eine ständige Flohbekämpfung zu betreiben und zwar nicht nur am Hund, sondern in seiner ganzen Umgebung.

Wie Sie Flöhe im Haus bekämpfen können

Die erste Regel ist Sauberkeit! Wenn auch eine Katze im Haus ist, dann wird es noch komplizierter, denn die meisten Hundeflöhe sind eigentlich Katzenflöhe. Und weil Katzen überall herumklettern, müssen auch Plätze wie Fenster, Tisch usw. saubergehalten werden. Eine Studie hat ergeben, daß duch Staubsaugen nur 20 % der Larven und 50 % der Eier von Teppichböden, glatten Böden oder Sesseln entfernt werden. Der Inhalt von Staubsaugerbeuteln sollte am besten verbrannt oder in einem dicht verschlossenen Plastikbeutel zum Müll gegeben werden.

Zecken

Zecken werden in den warmen Monaten, etwa April bis Oktober aktiv. Sie sitzen mit Vorliebe in feuchter Umgebung in Gräsern und Sträuchern. Hunde streifen sie dort im Vorbeigehen ab. Zecken sitzen sehr fest in der Haut, sind anfangs klein und schwer im Fell zu erkennen. Je mehr sie sich vollsaugen, desto mehr nehmen sie die Gestalt ähnlich einer Linse an, auch in der Färbung. Zum Entfernen ist eine Zeckenzange oder Pinzette das

Der Lebenszyklus eines Flohs

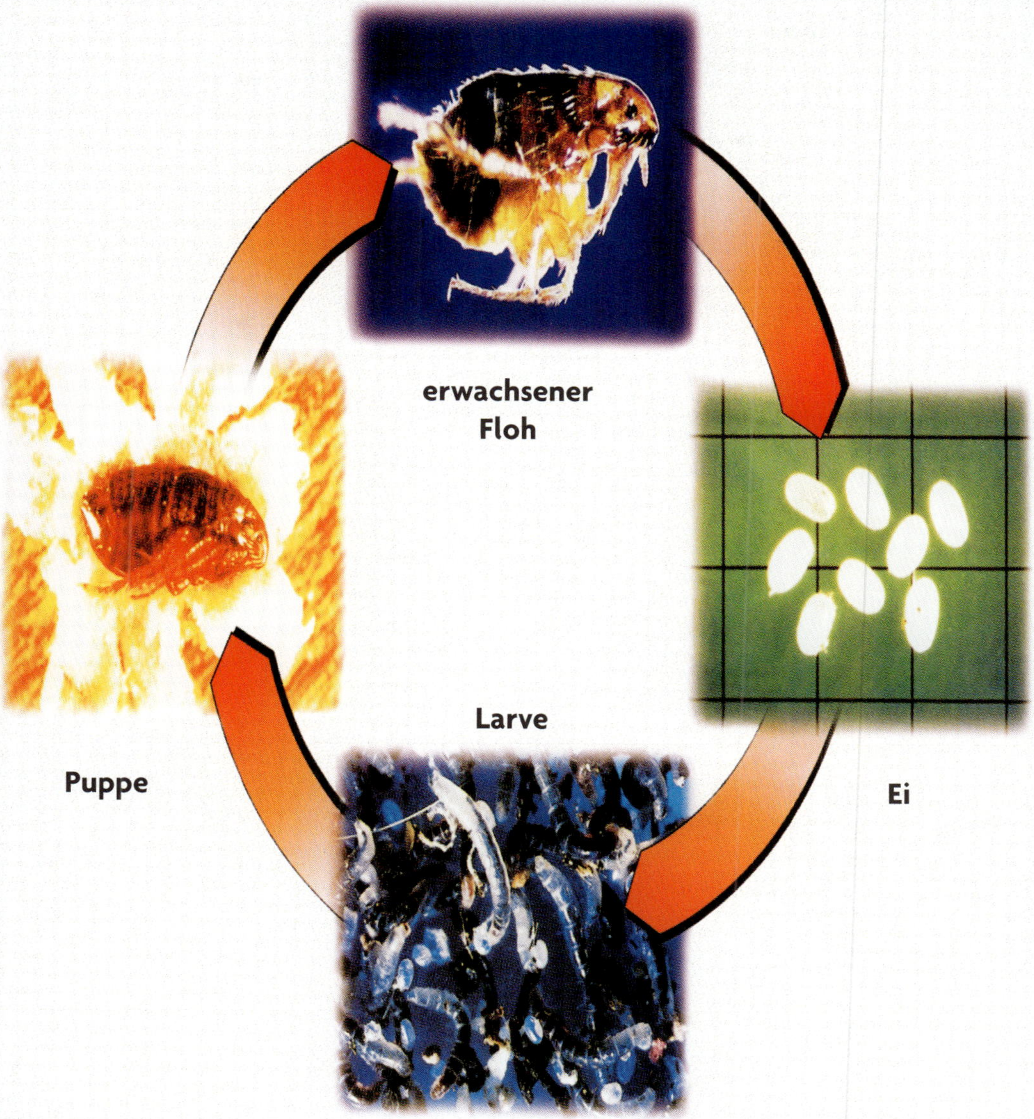

Dr. Dennis Kunkel, University of Hawaii

Eine elektronenmikroskopische Fotografie eines Hundeflohs **Ctenocephalides canis,** ***ungefähr 50 Mal vergrößert.***

Beste. Man muß die Zecke möglichst nahe an der Hundehaut fassen und mit einem leichten Ruck entfernen. Zecken, die nicht entfernt worden sind, fallen von alleine ab, wenn sie vollgesogen sind. Zecken sind leider nicht nur Plagegeister für Ihren Husky, sondern sie können die gefährliche Borelliose auf ihn übertragen. Es lohnt sich, den Hund nach jedem Spaziergang auf eventuelle Zekken zu untersuchen, denn vom Biß der Zecke bis zu etwa 36 Stunden danach dauert es, bis die Borliosebakterien übertragen werden.
Die Anzeichen für eine Borelliose sind Müdigkeit und nicht erklärbare Lahmheiten. Der Gang zum Tierarzt ist dann dringend notwendig.
Wenn befruchtete Zeckenweibchen sich vollgesogen vom Hundewirt abfallen lassen, dann werden sie auch zur Gefahr für Menschen in der Wohnung. Bei entsprechend warmen, vielleicht nicht zu trockenem Raumklima legt das abgefallene Zeckenweibchen ihre Eier ab und es kann durchaus eine Zeckeninvasion auch in der Wohnung entstehen, die nicht nur zur Gefahr für den Hund, sondern auch für den Menschen wird. Außer der Borelliose kann sie auch die gefährliche Hirnhautentzündung übertragen. Menschen, die eng mit Hunden zusammen in der Wohnung leben, vor allem Kinder, die auf dem Boden spielen, müssen besonders darauf achten, daß die Fußböden oft gereinigt werden und daß sich keine Zecken an ihrem Körper und an ihrer Kleidung befinden.

Räude Milben

Hautprobleme, die durch Milben hervorgerufen werden, werden häufig als Räude bezeichnet. Dabei handelt es sich meistens um Ohrmilben, *Sarkoptes*-Milben oder *Cheyletiella*-Milben. Demodikotische Räude wird mit einem Befall durch *Demodex*-Milben assoziiert. Demodikotische Räude oder Demodikose wird durch den Befall mit *Demodex*-Milben, *Demodex canis* verursacht. Sie hat aber mit dem, was als „Räude“ bezeichnet wird, nichts gemeinsam, da sie – anders als diese – nicht durch Ansteckung entsteht.
Der häufigste Erreger für Räude bei Hunden ist die Ohrmilbe, die wiederum extrem schnell übertragbar ist. Deshalb muß schon beim Kauf des Welpen darauf geachtet werden, daß die Eltern-

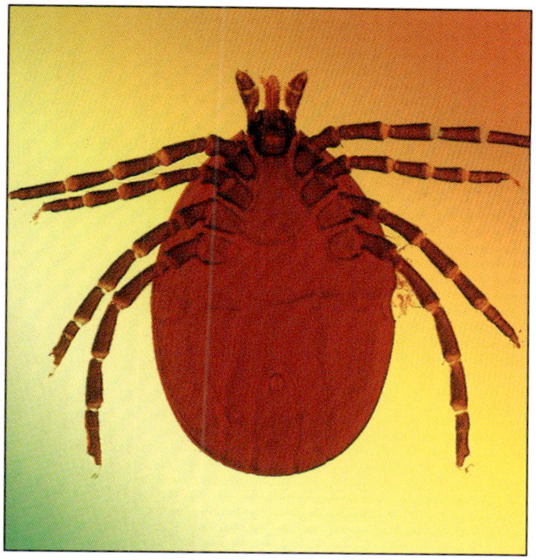
Jean Claude Revy/Phototake

Eine seltene Hundezecke der Familie **Ixodes**, *zehnmal vergrößert.*

tiere wie alle anderen Hunde des Züchters von dieser Milbenplage frei sind. Als Überträger kommen jedoch auch andere Haustiere infrage, mit denen der Hund Kontakt hat, speziell dann, wenn er mit diesen auf engem Raum zusammenlebt. Die Parasiten nisten sich bei Hunden bevorzugt in den Ohren ein. Nehmen Sie die Ohrspitzen des Hundes und reiben Sie sie aneinander, so ist die sofortige Reaktion eines befallenen Tiers die, sich mit den Vorderpfoten an den Ohren zu kratzen. Obwohl es sich hier um einen Schmarotzer handelt, der kaum eine ernsthafte Gefahr darstellt, sollte der Tierarzt dennoch ein geeignetes Mittel verschreiben. Der ständig starke Juckreiz irritiert den Hund und führt zu übermäßigem Kratzen, was wiederum in Verletzungen der Haut resultiert, die in Infektionen ausarten können.

Eine Vollkörperbehandlung ist in den meisten Fällen erfolgreich, wohingegen es bei einer ausschließlichen Behandlung der Ohrkanäle meistens zu Rück-

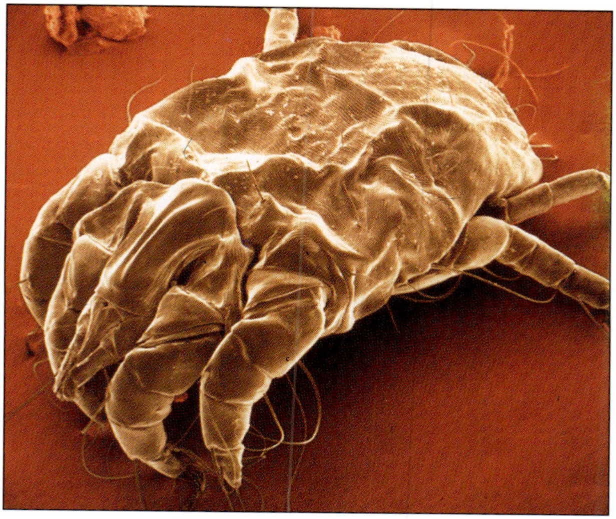
James Hayden-Yoav/Phototake

Vergrößerung der Räudemilbe, **Psoroptes bovis.**

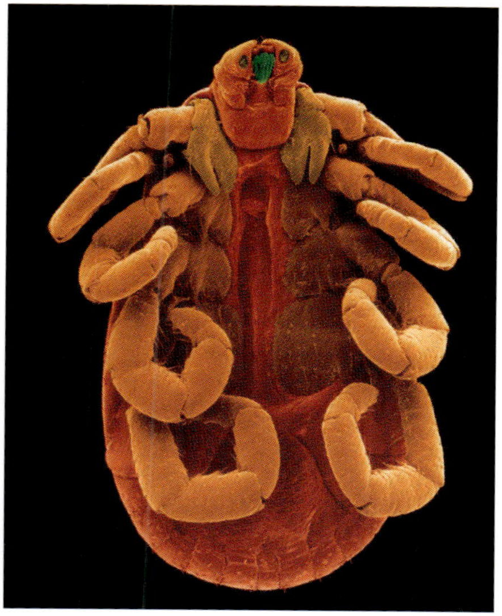
Dennis Kunkel, University of Hawaii

Die Zecke **Dermacentor variabilis** *kommt sehr häufig vor. Man erkennt, wie stark die acht Beine sind.*

schlägen kommt. Der Grund dafür ist die Tatsache, daß sich die Milben eben nicht nur in den Ohren aufhalten, wie dem Namen nach vermutet werden könnte, sondern diese bei Störungen verlassen und sich in anderen Körperregionen verbergen, bis die Rückkehr in die Ohren gefahrlos erscheint. *Scabie-* und *Cheyletiella*-Milben werden von einem Hund auf den anderen übertragen. Hierbei handelt es sich um sogenannte „soziale“ Erkrankungen, die durch die Vermeidung von Kontakten mit infizierten Hunden verhindert werden können. *Scabie*-Milben haben die zweifelhafte Ehre, die Hundekrankheit mit dem stärksten Juckreiz überhaupt zu sein. Wieder andere Milben leben in Waldgebieten und befallen die

Carolina Biological Supply/Phototake

Der Spulwurm* Ascaris lumbricoides *infiziert Hunde und Menschen.

Hunde, wenn sie dort im Dickicht herumtollen. Alle Milbenarten können identifiziert und effektiv bekämpft werden.

Darmparasiten

Die häufigsten Darmparasiten sind Rundwürmer und Bandwürmer.

Dwight R. Kuhn

***Männlicher und weiblicher Hakenwurm* Ancylostoma caninum.**

Zu den Rundwürmern gehören

1. Spulwürmer

Beim Befall mit Spulwürmern hat der Hund ein struppiges glanzloses Fell und blasse Schleimhäute. Obwohl der Bauch aufgebläht ist, wirkt der Hund mager. Bei starkem Befall hat er Durchfall und erbricht die Würmer.
Spulwürmer sind weißlich, etwa sechs bis zehn Zentimeter lang

und sind im Kot des Hundes sichtbar.

2. Hakenwürmer

Hakenwürmer wechseln mehrmals am Tag die Stelle der Darmwand, in die sie sich einhaken. Sie rufen dadurch Blutungen hervor, die wiederum zu Eisenmangel und Blutarmut führen können.

3. Peitschenwürmer

Sie haben ihren Namen von ihrem haardünnen Kopfende, das wie eine Peitschenschnur am Hinterleib sitzt. Bei starkem Befall kann es durch das Blutsaugen an der Darmwand ebenfalls zu Blutarmut kommen.

Bandwürmer

Meist saugen sich gleich mehrere Bandwürmer an der Darmwand fest. Die abgestoßenen Glieder sind im Kot oder am After des Hundes zu sehen, sie sind circa 1 cm lang und hell. In ausgetrocknetem Zustand sehen sie wie Reiskörner aus. Zwischenwirte für Bandwürmer sind Flöhe. Eine Bandwurminfektion kann aber ebenso durch Lecken erfolgen. Da übliche Wurmmittel nicht wirksam genug sind, muß der Tierarzt ein spezielles Mittel gegen Bandwürmer verschreiben.

Darmparasiten schädigen die Darmwände und entziehen dem Organismus Nahrung und stören den Knochenaufbau. Außerdem enthalten die Ausscheidungen

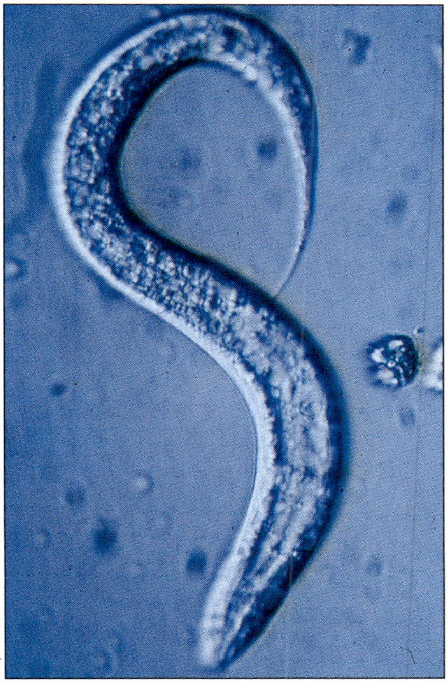

C. JAMES WEBER/PHOTOTAKE.

Die inaktive Phase einer Hakenwurm-Larve.

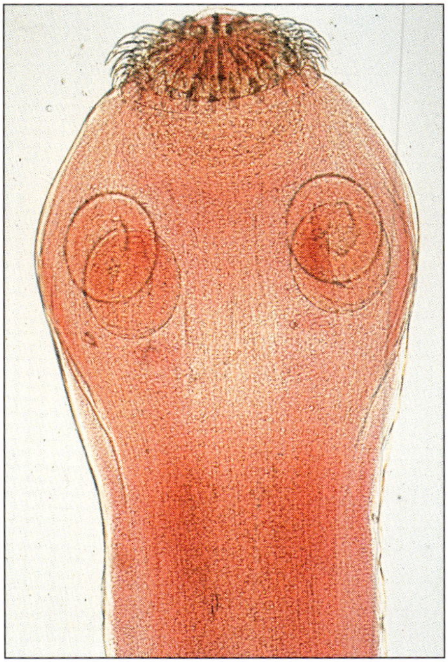

CAROLINA BIOLOGICAL SUPPLY/PHOTOTAKE.

Der Kopf eines Bandwurms. Der Wurm ist übertragbar auf Hunde.

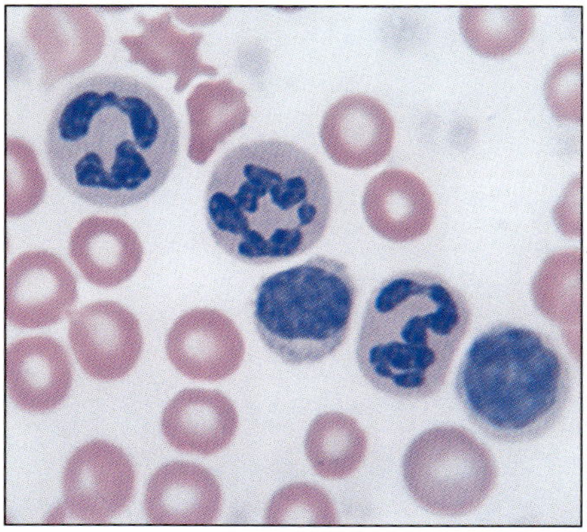

Vergrößerte Herzwurmlarven, **Diofilaria immitis.**

der Würmer schädigende Giftstoffe. Eine regelmäßige Entwurmung nach Angabe Ihres Tierarztes ist deshalb dringend nötig, nicht zuletzt, um Infektionen bei Menschen zu verhindern.

Das Herz eines Hundes, der mit Herzwürmern, **Diofilaria immitis,** *infiziert ist.*

Das sollten Sie über Hüftgelenksdysplasie wissen!

Hüftelenksdysplasie kommt bei großen Rassen verhältnismäßig häufig vor. Der Husky ist allerdings für diese Krankheit nicht sehr anfällig. Trotzdem möchten wir hier darüber informieren. Wenn ein Hund Hüftgelenkdysplasie hat, dann haben seine Hinterbeine falsch ausgebildete Hüftgelenke. Durch den konstanten Gebrauch des Hüftgelenks wird es mehr und mehr lose, nutzt sich unnormal ab und kann arthritisch werden. Hüftgelenksdysplasie kann nur mit Hilfe einer Röntgenaufnahme festgestellt werden, aber einige Symptome weisen bereits auf das Problem hin. Es ist möglich, daß Ihr Husky Hüftprobleme hat, wenn er auf eine besondere Art läuft: Hoppelt, anstatt geschmeidig zu rennen, seine Hinterbeine gleichzeitig benutzt, Probleme beim Aufstehen hat und beim Sitzen beide Beine auf eine Körperseite legt. Ein erwachsener Hund kann sich eventuell an ein Leben mit einer schlechten Hüfte anpassen. Aber in wenigen Jahren entwickelt sich eine Arthritis und viele Huskys mit Hüftgelenksdysplasie verkrüppeln.

Hüftgelenksdysplasie wird als erbliche Erkrankung angesehen und kann zwischen zwölf und achtzehn Monaten festgestellt werden. Im Allgemeinen erfolgt die Behandlung auf chirurgischem Wege. Hier gibt es mehrere Möglichkeiten: Die Entfernung des Musculus pectineus, die Entfernung des Oberschenkelkopfs und der Einsatz eines künstlichen Hüftgelenks. All diese chirurgischen Eingriffe sind teuer, zeigen aber gewöhnlich sehr gute Erfolge. Sprechen Sie mit Ihrem Tierarzt!

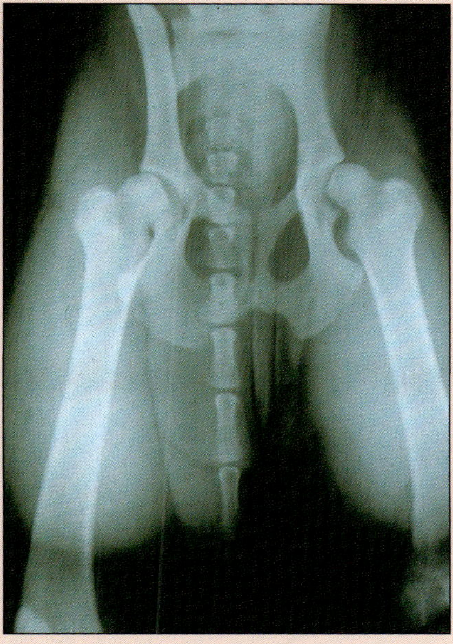

Hüftgelenksdysplasie

Der Vergleich der beiden Gelenkköpfe zeigt, daß der Kugelkopf links nicht in die Gelenkpfanne paßt.

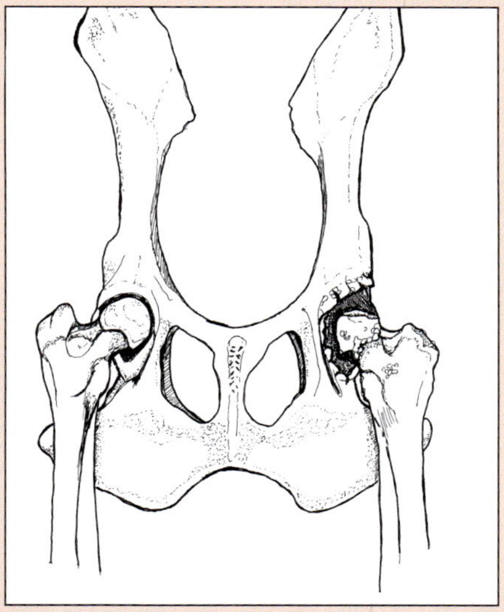

Ein gesundes Hüftgelenk auf der rechten Seiten und ein krankes Hüftgelenk auf der linken Seite.

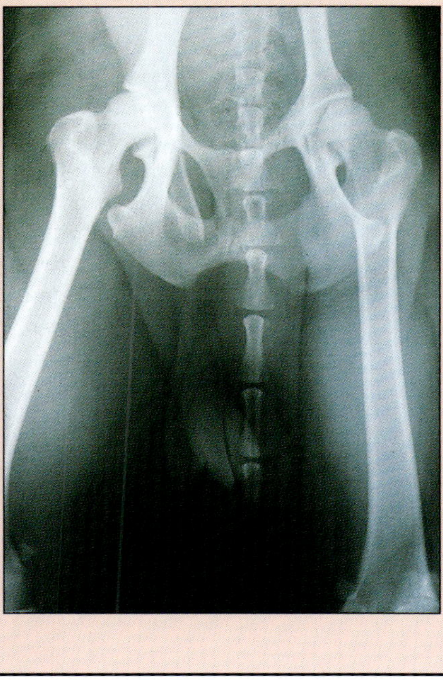

Hüftgelenksdysplasie kann einwandfrei nur durch Röntgenaufnahmen festgestellt werden. Sie beginnt in der Periode des schnell Wachstums, etwa zwischen dem dritten und neunten Monat.

Häufige gesundheitliche Probleme beim SIBERIAN HUSKY

Bezeichnung	Altersgruppe	Ursache	Betroffene Körperteile
Leckekzem	jedes Alter (Rüden)	unbekannt	Läufe und Pfoten
Grauer Star	jedes Alter	erblich	Augen
Dysplasie der Ellbogen	vierter bis siebter Monat	angeboren	Ellbogengelenk
Magenerweiterung	ältere Hunde	Lufschlucken	Magen
Grüner Star	nach dem ersten Jahr	erblich	Augen
Hüftgelenksdysplasie	bis zum 2. Lebensjahr	angeboren	Hüftgelenk
Kristall. Hornhautveränderung	Welpen, Junghunde	erblich	Augen
Atrophie der Netzhaut	jedes Alter	erblich	Augen
Zink-Kontakt-Allergie	erwachsene Hunde	angeboren	Haut/Eingeweide

Anmerkung zu Gesundheitsproblemen des Siberian Husky: Der Husky ist, sofern er gesund gezüchtet wurde, eine sehr robuste und unanfällige Rasse. Rassetypische Probleme außer der Zink-Kontakt-Allergie gibt es praktisch nicht. Wichtig ist in jedem Fall, daß der Husky nicht zum Familienhund degeneriert, sondern die ursprüngliche Rasse bleibt, die viel Auslauf, Bewegung und Beschäftigung braucht.

Achten Sie drauf!

Die Arten der Hundeohren sind sehr verschieden. Stehende Ohren sind weniger anfällig als hängende, weil bei ihnen die Luft besser zirkulieren kann. Manipulieren Sie nie im Inneren der Ohren! Dabei können Sie großen Schaden anrichten und Sie müssen den Tierarzt aufsuchen.

Wußten Sie schon?

Bei der Kastration des Rüden werden die Hoden entfernt. Er erholt sich davon binnen einer Woche.
Bei Hündinnen werden Eierstöcke und Gebärmutter entfernt. Sie brauchen zwei Wochen zur Erholung. Sie sollten sich bewußt machen, daß Ihr Husky dann keinen Nachwuchs mehr bekommen kann.

Krankheit	Art	Ursache	Symptome
Leptospirose	Schwere Krankheit, die die inneren Organe angreift; kann auf Menschen übertragen werden.	Bakterien, die häufig von Nagetieren verbreitet werden und sich durch die Schleimhäute im Körper verbreiten.	Fieber, Erbrechen und Appetitverlust, in weniger schweren Fällen; bis zu Schock, unheilbarem Nierenversagen und möglicherweise Tod in besonders schweren Fällen.
Tollwut	Potentiell tötliches Virus, das für warmblütige Säugetiere infektiös ist. Kommt in England nicht vor.	Ein Virus der oft von Nagetieren übertragen wird, ebenfalls durch die Schleimhäute eindringt und sich schnell im ganzen Körper verteilt.	1. Stadium – Verhaltensänderung, Angst 2. Stadium – gesteigerte Aggressivität 3. Stadium – Koordinationsverlust und Verlust der Kontrolle über die Körperfunktionen.
Parvovirose	Hochansteckendes Virus, potentiell tötlich	Aufnahme des Virus, das vor allem durch den Kot infizierter Hunde verbreitet wird.	Im allgemeinen schwere Durchfälle, Erbrechen, Müdigkeit, Appetitlosigkeit
Zwingerhusten	Ansteckende Atemwegsinfektion	Kombination von Bakterien und Viren. Häufig kommen Bordetella bronchiseptica und das Parainfluenzavirus vor.	Chronischer Husten.
Staupe	Krankheit, die hauptsächlich das Atemwegs- und Nervensystem angreift.	Ein Virus, das mit dem menschlichen Masernvirus verwandt ist.	Leichte Symptome wie Fieber, Appetitlosigkeit und Schleimausscheidung steigern sich bis zu Ausfällen des Gehirns hin. „Hard Pad" ist ebenfalls ein durch Staupe ausgelöstes Krankheitsbild.
Hepatitis	Ein Virus, das hauptsächlich die Leber angreift.	Ein Caninus adenovirus Typ 1 (CAV 1). Wird durch Einatmen aufgenommen.	Schwächere Symptome sind beispielsweise Durchfall und Erbrechen, schwerere Symptome sind unter anderem Virusklumpen in den Augen.
Coronavirus	Ein Virus, das Verdauungsprobleme hervorruft.	Virus wird durch den Kot infizierter Hunde verbreitet.	Magenverstimmung, gekennzeichnet durch Appetitverlust, Erbrechen und Durchfall.

Erste Hilfe auf einen Blick

Verbrennungen
Kaltes Wasser oder Eis

Wespen- und Bienenstiche
Eis zum Abschwellen, Antihistamine

Bisse von anderen Tieren
Wunde säubern, Druckverband, weitere Behandlung durch den Tierarzt

Fischgräten
Werden am besten durch einen Tierarzt entfernt.

Schlangenbisse
Mit Eis behandeln; sofort zum Tierarzt, Schlangenart feststellen

Gift
Zum Erbrechen bringen mit Hydrogen Peroxyd; sofort zumTierarzt

Hautverletzungen
Wunde reinigen und desinfizieren

Autounfall
Hund auf einer Decke vom Unfallort wegbringen, sofort zum Tierarzt

Schock
Beruhigen, warm halten, sofort zum Tierarzt

Nasenbluten
Kalte Kompressen um die Nase

Blutungen
Druckverband

Hitzschlag
Hund mit kaltem Wasser langsam abkühlen und zum Tierarzt bringen

Erfrierungen
Den Hund langsam mit warmem Wasser, Heizdecke oder Wärmflasche aufwärmen

Schürfwunden
Die Wunde reinigen und mit einem antiseptischen Mittel behandeln

!! *Denken Sie daran, daß ein verletzter oder kranker Hund dazu neigen kann, aus Angst oder Irritation zu beißen. Vermeiden Sie das durch einen Maulkorb.* !!

Ihr Siberian Husky wird alt

„Alt“ ist ein relativer Begriff. Natürlich können wir zwischen einem Husky-Welpen und einem erwachsenen Husky durch die unterschiedliche Größe und Erscheinung, Gesichtsausdruck und unterschiedlicher Lebendigkeit unterscheiden.

Welpen und junge Hunde spielen gern mit Kindern. Die natürliche Lebendigkeit von Kindern paßt gut der fast unerschöpflichen Energie der Junghunde. Sie wollen rennen, springen, davonjagen und zurückkommen. Wenn die Hunde dann älter werden, meint man oft, sie wären zu alt, um noch mit Kindern zu spielen. Und daß nur, weil nun ihr Interesse am Spielen nachläßt und sie sich mehr und mehr für andere Dinge in ihrem Leben interessieren.

Wenn ein Siberian Husky aber beispeilsweise nur mit einer 60-jährigen Person zusammen ist, wird seine Art weniger lebendig und unternehmungslustig sein und man wird sein Altern weniger bemerken, da er ohnehin schon ruhig war.

„Sieben Menschenjahre sind ein Hundejahr“ – diese Regel ist oft falsch. Man kann Menschenjahre nicht allgemein mit Hundejahren vergleichen. Wenn für einen Siberian Husky 13 Jahre eine gute Lebensspanne sind, dann kann man das nicht mit der Lebensdauer eines Chihuahua vergleichen. Viele kleine Hunderassen haben ein längeres Leben vor sich als große Hunde.

Hunde sind gewöhnlich mit etwa einem Jahr geschlechtsreif, können sich aber oft auch schon früher fortpflanzen. Daher könnte man sagen, die drei ersten Lebensjahre eines Hundes sind das siebenfache an Menschenjahren. Ein dreijähriger Hund ist also vergleichbar mt einem 21-jährigen Menschen. Wie die nachfolgende Vergleichskurve zeigt, gibt es keine feste Regel, zwischen dem Altern des Menschen und dem des Hundes.

Es ist schwierig, aus dem Gesicht eines Huskys sein Alter zu erkennen. Seine Körpersprache entspricht eindeutiger seinem Lebensalter.

Achten Sie drauf!
Beim alternden Hund lassen sich einige der folgenden Symptome feststellen.

- Die Haare im Gesicht und an den Pfoten werden grau
- Das spielerische Üben langweilt ihn mehr und mehr und er hat an Spielen, die er bisher liebte, kein Interesse mehr.
- Die Nahrungsaufnahme vermindert sich.
- Rufe, Pfeifen oder ander Signale werden zunehmend ignoriert.
- Die Aufmerksamkeit bei Augenkontakten verringert sich, ebenso das Wedeln, mit dem er vorher auf Ihren Blick reagierte.

Der Vergleich ist auch deshalb ungenau, weil nicht alle Menschen – und auch nicht alle Hunde – in gleichem Maße oder in gleicher Zeit altern. Frauen leben ja laut Statistik auch länger als Männer.

Was Sie für Ihren „Senior-Husky" tun können?

Tierärzte und Verhaltensforscher bezeichnen ab dem siebten Lebensjahr einen Hund als „Senior". Der Begriff „Senior" bedeutet aber nicht, daß der Hund altersschwach oder senil ist.
Altern ist ein langsamer Prozeß. Bei der Fürsorge für Ihren siebenjährigen Husky können gewisse therapeutische oder vorsorgende Maßnahmen hilfreich sein. Ihr Tierarzt wird Sie dabei beraten. Mit Ihrem „Senior-Husky" sollten

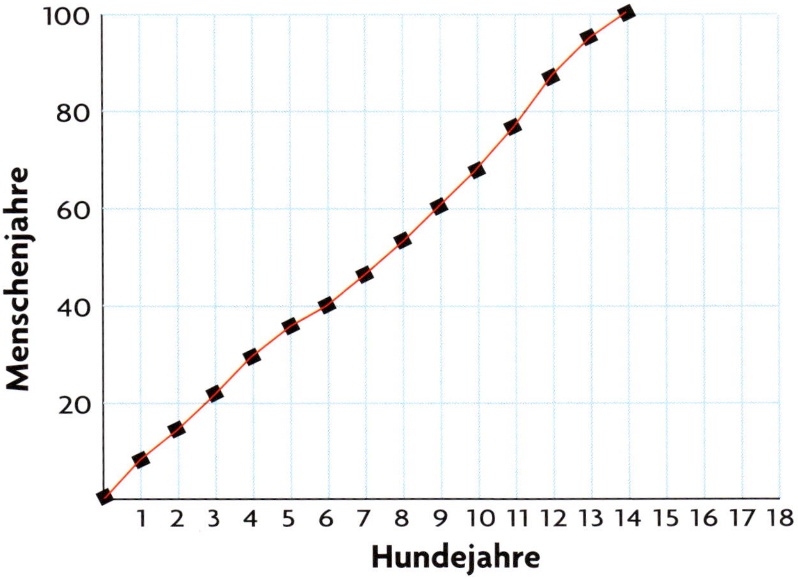

Senior-Hunde brauchen besonders viel Fürsorge durch den Besitzer und auch durch ihren Tierarzt. Ihr Tierarzt wird entsprechende Vorsorgemaßnahmen mit Ihnen besprechen.

Sie zweimal jährlich zum Tierarzt gehen, um sein Gesamtbefinden festzustellen und eventuell nötige Maßnahmen für die Fütterung zu besprechen. Um den Gesundheitszustand Ihres Senior-Hundes festzustellen, stehen dem Tierarzt folgende Untersuchungsprogramme zur Verfügung: Blutstatus, Untersuchung von Urin und Kot, Messen des Blutdrucks, Untersuchung des Gebisses und Messen des Augen-Innendrucks, neben anderen, speziellen Labor oder Röntgenuntersuchungen.
Es ist besser, das Befinden Ihres Huskys durch umfassende Untersuchungen festzustellen, als auf

Wußten Sie schon?

Ihr Husky wird erst dann alt, wenn SIE denken, daß er alt wird, weil er weniger aktiv ist, nicht mehr so gerne wandert, rennt, springt, apportiert und frißt. Andererseits wird er mehr schlafen wollen und seine Anhänglichkeit nimmt zu. Auch wird er nicht mehr sofort zur Türe laufen, sobald Sie Ihre Jacke anziehen, sondern auf seiner Decke liegenbleiben.
Der ältere Husky heult auch mehr als der junge Husky.

offensichtliche Alterserscheinungen zu warten, wie zum Beispiel auf langsame, behinderte Bewegungen, Grauwerden, zunehmende Schläfrigkeit und nachlassende allgemeine Aktivität.
Gute Vorsorgemaßnahmen unterstützen ein längeres Leben in Gesundheit für Ihren älteren oder alten Hund.
Allgemeine physische Beeinträchtigungen bei alternden Hunden sind: Nachlassende Sehkraft, Arthritis, Nieren- und Leberschäden, Diabetes, Herzbeschwerden und Altershusten (eine hormonelle Störung).

Achten Sie drauf!
Die vier unten aufgeführten Symptome treten nach und nach auf und werden langsam immer stärker. Sie sind nicht lebensbedrohlich, jedoch sollten Sie sie ernst nehmen und Ihren Tierarzt zu einem Gespräch aufsuchen:

- Ihr Hund jault und winselt wenn er sich bewegt und hört auf zu rennen.
- Krämpfe beginnen oder werden häufiger und stärker. Der typische Krampf setzt ein, indem der Hund sich versteift und zu zittern beginnt, während er sich nicht bewegen kann oder bewegen will. Er dauert zwischen fünf und dreißig Minuten.
- Mehr und mehr Stubenreinheits-Unfälle treten auf. Der Hund verliert Kot und Urin, ohne dies kontrollieren zu können.
- Erbrechen tritt häufiger auf.

Auch das Verhalten alternder Hunde ändert sich teilweise. Wenn sie nicht mehr gut sehen und hören können, unter arthritischen Schmerzen oder Zahnschmerzen leiden, dann können sie auch aggressiv werden. Beispielsweise erschrecken sich blinde oder nahezu blinde Hunde leicht und reagieren dann vielleicht unerwartet aggressiv. Bereits senile Hunde sind ungeduldig und gereizt. Wenn sie im Haus unrein werden, kann es die Folge von Bewegungsstörungen, Nierenproblemen, Problemen mit dem Schließmuskel, physiologische Vorgänge im Gehirn oder auch Reaktionen auf Medikamente.
Ältere Hunde leiden ebenso wie Welpen an Trennungsangst und bellen, winseln, sind unrein oder zerstören. Sie können furchtsam gegen Geräusche vom Staubsauger, Gewitter-Donner und Verkehrslärm werden. Manche ältere Hunde schlafen unruhig wegen körperlichen Beschwerden und häufigem Harndrang.
Hunde sollte man grundsätzlich nicht mit fetthaltigen und süßen Leckereien verwöhnen. Bei älteren Hunden kann dies noch mehr Schaden anrichten. Fettleibigkeit ist das allgemeine Problem bei älteren Hunden und kann ihnen Jahre ihres Lebens nehmen. Halten Sie Ihren Senior mit Futter so kurz wie möglich, denn starkes Gewicht bedeutet Streß für seine Organe.
Fachleute wie Tierärzte und Züch-

Es gibt Tierfriedhöfe, Ihr Verband für das Deutsche Hundewesen (VdH) kann Sie darüber informieren.

ter empfehlen ein Ballaststoffreiches Futter mit weniger Kalorien. Die Zugabe von frischem Gemüse und Brühe ergibt ein schmackhaftes, fett- und kalorienarmes Futter. Bei Ihrem Tierarzt erhalten Sie außerdem spezielle Fertigfutter für Seniorhunde, die Sie ebenfalls ausprobieren können.

Wenn Ihr Hund sich seinem Lebensabend nähert, dann braucht er Ihre Fürsorge und Geduld mehr denn je. Bestrafen Sie ihn nie für Unsauberkeit oder nicht gewohntes Verhalten. Für all die Jahre der Zuneigung, des Beschützens und der Kameradschaft, die Ihnen Ihr Husky geschenkt hat, verdient er liebevolle Fürsorge und Rücksicht. Wenn ein Husky sein ganzes Leben lang so gehalten wurde, wie es in der Natur eines Huskys vorgegeben wurde – Schlitten ziehen und an Rennen teilnehmen – dann kann Ihr Hund durchaus noch mit neun bis zwölf Jahren ein aktiver Hund sein, der mit Freude am Gespann läuft.

Achten Sie drauf!

Wenn die Zeit gekommen ist, müssen Sie sich überlegen, ob es nicht besser ist, den Hund einzuschläfern. Nur ein Tierarzt hat die Erlaubnis dazu. Machen Sie Ihrem Hund die letzten Minuten seines Lebens so angenehm wie nur möglich.

Was kann man tun, wenn der Abschied kommt?

Es wird Ihnen zu jedem Zeitpunkt schwerfallen, rational zu entscheiden, ob Ihr Husky eingeschläfert werden soll. Sie lieben Ihren Siberian Husky, sonst würden Sie nicht dieses Buch lesen. Von einem geliebten Hund Abschied zu nehmen, ist unendlich schwer. Sie müssen den Zeitpunkt zusammen mit Ihrem Tierarzt besprechen.

CDS: COGNITIVE DYSFUNCTION SYNDROME

Erkennbarer Verfall der Fähigkeiten „Senilität"

Es gibt viele Arten, wie sich das „Alter-Hund-Syndrom" äußert. Tierärzte haben CDS definiert als das langsame Nachlassen der cognitiven Fähigkeiten. Diese zeigen sich durch Verhaltensänderungen beim Hund. Wenn ein Hund sein Verhalten stark ändert und Krankheiten als Ursache dieser Verhaltensänderungen auszuschließen sind, dann ist CDS die wahrscheinlichste Diagnose.

Mehr als die Hälfte aller Hunde über acht Jahre leiden unter einer Form von CDS. Je älter der Hund wird, desto größer ist die Wahrscheinlichkeit, daß er CDS entwickelt. Beim Menschen bezeichnen die Ärzte häufig das CDS-Verhalten als einen Teil des allgemeinen Abbaus.

Es gibt vier Hauptanzeichen für CDS:
häufiger auftretende Toiletten-Unfälle im Haus, schläft viel mehr oder viel weniger als gewöhnlich, verhält sich verstört und reagiert falsch auf soziale Stimulanzien.

SYMPTOME VON CDS

HÄUFIGE STUBENREINHEITS-UNFÄLLE

- *uriniert im Haus*
- *kotet im Haus*
- *zeigt nicht, daß er nach draußen gehen will*

SCHLAFMUSTER

- *bewegt sich viel langsamer*
- *schläft mehr als normal während des Tages*
- *schläft weniger in der Nacht*
- *tappt herum ohne erkennbares Ziel*

VERWIRRUNG

- *geht nach draußen und steht dann nur dort*
- *sieht verwirrt aus mit einem entfernten Blick in den Augen*
- *versteckt sich öfter*
- *erkennt Freunde nicht*
- *kommt nicht, wenn er gerufen wird*

FALSCHE ANTWORT AUF SOZIALE REIZE

- *kommt weniger häufig zu Menschen, ob er gerufen wird oder nicht*
- *akzeptiert Streicheln nur für kurze Zeit*
- *kommt nicht zur Tür, wenn Sie von der Arbeit heimkehren*

Ihr Siberian Husky nimmt an einer Ausstellung teil

Ist Ihr Siberian Husky zu einem stattlichen, schönen Vertreter seiner Rasse geworden? Sie sind sicher stolz auf Ihren feinen kleinen Kerl. Er hat Gehorsam gelernt, befolgt die wichtigsten Kommandos. Wie wäre es also, ihn einmal auf einer Ausstellung vorzuführen? Auch wenn Sie bisher nicht vorhatten, selbst mit Ihrem Husky im Ring zu stehen, warum nicht doch etwas davon träumen?
Das erste, was Sie wissen müssen ist, daß Ihr „Neuling" zunächst nur gegen Hunde seiner Rasse, also gegen Siberian Huskys antritt. Wenn die Jury den Besten jeder Rasse bestimmt hat, tritt dieser gegen Hunde seiner Gruppe an. Der Beste jeder Gruppe bewirbt sich dann um den Titel „Best in Show".
Was Sie weiter wissen müssen: Die Hunde treten nicht direkt gegeneinander an, sondern die Jury begutachtet jeden Hund einzeln bezüglich seines Rassestandards. Der Rassestandard ist eine schriftliche Fixierung des idealen Aussehend in allen Einzelheiten seines Körpers. Dieser imaginäre Idealhund wird zwar nie gezüchtet worden sein oder einen Show-Ring betreten haben. Er existiert weltweit nicht, aber die Züchter versuchen, Hunde zu züchten, die diesem „Idealhund" möglichst nahe kommen.
Wenn Sie sich für eine Hundeausstellung interessieren, dann wenden Sie sich am besten an den Deutschen Club für Nordische Hunde e.V., Am Flinthörn 20, 26842 Ostrhauderfehn, Tel./Fax. 04952/6524. Dort erfahren Sie die Adresse Ihres Landesverbandes für Siberian Huskys, der Sie in allen Fragen beraten kann.

Wenn Sie an einer Schau teilnehmen wollen, informieren Sie sich vorher über den Ablauf. Lassen Sie Ihren Husky zuvor von einem Fachmann (Züchter) begutachten, ob seine Anlagen dafür ausreichend sind.

Ihr Siberian Husky bei Hundesportwettkämpfen

Die Bezeichnung „Hundesport" ist

eigentlich unvollständig: Herrchen oder Frauchen müssen mindestens ebenso fit sein, um bei Training und Wettkampf körperlich mit ihrem sportlichen Helden auf vier Beinen mithalten zu können.
Wenn Sie an eine Teilnahme bei Hundesport-Wettkämpfen mit Ihrem Husky denken, so müssen sie außerdem berücksichtigen, daß Sie keinen erbötigen Schäferhund besitzen, sondern eben einen Husky, wenn auch den schönsten und besten weit und breit, versteht sich! Er ist aufgrund seiner körperlichen Eigenschaften und seiner ursprünglichen Verwendung in seiner arktischen Heimat in erster Linie ein Schlittenhund. Also werden Sie bei Schlittenhunderennen auch am ehesten die Chance haben, mit ihm einen Preis zu gewinnen. Natürlich ist es zu begrüßen, wenn Huskys auch bei anderen Disziplinen wie Begleithundeprüfungen, Vierkampf, Hindernis- und Geländeprüfungen oder Agility teilnehmen und vielleicht sogar erfolgreich sind. Es wird aber etwas schwieriger sein, einen Husky zu bewegen, etwas freiwillig zu tun, was nicht unbedingt seiner Natur entspricht. Es wäre falsch, ihn unter Zwang oder gar mit Strafen dazu zu bringen, Sie würden einen Freund verlieren. Aber wenn Sie selbst geduldig sind und genügend Einfluß auf Ihren Hund haben, dann können auch diese Hundesportarten Spaß machen und Zufriedenheit mit der Leistung für Sie und Ihren Husky bringen.

Dieser Siberian Husky war bester seiner Rasse und Sieger in der Gruppe 2 bei einer Show in Amsterdam.

Schlittenhunderennen

Dieser Sport mit Hunden ist auch in Deutschland in den zurückliegenden Jahren populär geworden und wird von einigen Verbänden (siehe Kontaktadressen) organisiert und betreut. Auch für Besitzer von nur einem Husky gibt es Teilnahmemöglichkeiten in der sogenannten „Skandinavierklasse". Der Husky zieht dabei im Geschirr und zwischen zwei Zugstangen die „Pulka", einen Mini-Schlitten aus Glasfiber oder im Sommer einen entsprechend klei-

Zwei Sieger auf einer Schau mit ihren Besitzern und dem Preisrichter in England.

nen Wagen. Der Musher (Schlittenführer) lenkt seinen Hund nur durch Zurufe, entweder auf Skiern hinter dem Schlitten oder im Sommen mit dem Fahrrad hinter dem Wagen. Das Gesamtgewicht der Pulka wird mit Gewichten für Rüden auf 15 kg und für Hündinnen auf 10 kg gebracht. Der Musher muß den Hund gut motivieren können; ein Rudel ist wesentlich motivierter, die Hunde stecken sich gegenseitig mit ihrem Laufeifer an. Der Musher muß bei einem Rennen in der Skandinavier-Klasse ein sehr gut Skilangläufer sein, der seine Skier auch ohne vorgespurte Loipe beherrscht.

Wußten Sie schon?

Die auf der folgenden Seiten genannten Vereine haben es sich zur Aufgabe gemacht, uns über die Huskys und andere nordische Hunde aufzuklären. Sie wollen diese Rassen als das erhalten, was sie sind: Nämlich meist Vollblutarbeitstiere mit besonderen Ansprüchen an die Haltung. Dies gilt besonders für den Husky. Der Husky ist eigentlich nicht so sehr dafür geeignet, als Familienhund gehalten zu werden. Deshalb klären diese Vereine darüber auf, was es eigentlich heißt, einen Husky zu Hause zu pflegen.
Viele Huskys landen in Tierheimen, weil die Besitzer den Ansprüchen dieser Hunde nicht gewachsen sind.

WICHTIGE ADRESSEN

Fédération Cynologique Internationale
14, rue Leopold II, B-6530 Thuin, Belgium

Verband für das Deutsche Hundewesen e.V. (VDH)
Westfalendamm 174, 44141 Dortmund

Siberian Husky Club Deutschland e.V.
Heidi Dellin, An der Bleiche 13, 38170 Schöppenstedt

Deutscher Club für Nordische Hunde e.V. (DCNH)
Am Flinthörn 20, 26842 Ostrhauderfehn

Arbeitsgemeinschaft Schlittenhundesport Deutschland (AGSD)
Sellmecke 5, 57392 Schmallenberg

Besitzer mit zwei bis vier Hunden starten in der C-Klasse, mit vier bis sechs Hunden in der B-Klasse und mit sechs bis acht Hunden in der A-Klasse.
Darüberhinaus gibt es noch die Offene Klasse für Gespanne mit mehr als acht Hunden.
Für Hunde mit acht Jahren und älter gibt es die Veteranen-Rennen. Sie werden offiziell nicht gewertet, aber auch die Senioren bringen gelegentlich erstaunliches Leistungsvermögen mit und Hunde mit zehn oder elf Jahren sind noch dabei.
Die Rennen der Offenen Klasse sind natürlich besonders attraktiv. Gespanne mit 10, 12 oder noch mehr Hunden zu lenken, bedarf

Hundeausstellungen und Agility können für Hund und Besitzer eine große Freude bedeuten.

Kent & Donna Dannen

Acht prächtige Huskys während eines Rennens. Bei Schlittenhunderennen gibt es keine subjektive Wertung durch Richter, über den Sieg entscheidet allein das Leistungsvermögen der Hunde und das Können des Mushers.

einer jahrelangen Aufbauzeit. Die Rangfolge der Hunde untereinander muß festgelegt sein, Auseinandersetzungen zwischen den Hunden darf es nicht mehr geben. Das größte Gespann, das auf einem Rennen der AGSD (Arbeitsgemeinschaft Schlittenhundesport Deutschland) gestartet wurde, bestand aus 22 Hunden und war ein Musterbeispiel an Disziplin!
Gespanne dieser Größe durch die Landschaft zu lenken ist äußerst schwierig. Auf engen, kurvenreichen Strecken kann der Leithund schon um die nächste Kurve verschwunden sein, wenn der Musher noch nicht erkennen kann, wie es nach dieser Kurve weitergeht.
Schlittenhunderennen sind Leistungssport! Mit nicht ausreichend geschulten und konditionell trainierten Hunden in ein Rennen zu gehen, ist verantwortungslos, vor allem den Hunden gegenüber.
Die Rennveranstaltungen beginnen Mitte Oktober und enden im März. Nur wer die Zeit hat, an vier bis fünf Tagen in der Woche mit seinen Hunden zu trainieren, und wer sich selbst in entsprechende konditionelle Verfassung bringt, kann das Leistungsvermögen aufbauen und erhalten, das für Schlit-

Klasseneinteilung

Sofern Ihr Siberian Husky eine FCI-Ahnentafel besitzt, sind Sie berechtigt, an allen FCI-Ausstellungen teilzunehmen. Auf Ausstellungen gibt es verschiedene Klasseneinteilungen, die nach Rüden und Hündinnen getrennt sind. Das Richten beginnt stets mit den Rüden, sofern nicht ein zweiter Richter für die Hündinnen benannt wurde. Die Einteilung der Hunde erfolgt nach Geschlechtern getrennt in verschiedene Klassen. Beginnend mit der Jüngstenklasse (sechs bis neun Monate) über Spezialkategorien wie die Gebrauchshundklasse bis zur Veteranenklasse (ab acht Jahren).

tenhunderennen erforderlich ist. Aber auch für das Training der Hunde ist Wissen und Erfahrung nötig. Beides holt man sich von erfahrenen Trainern und Mushern, die man in den Clubs für Schlittenhunderennen findet. Man darf nie die Verantwortung für seine Tiere vergessen, wenn es um Ruhm und Ehre, um Siegen oder Verlieren geht. Man darf auch nie vergessen, daß Hunde aus Bewegungsdrang und Freude am gemeinsamen Spaß laufen, aber nicht, weil sie an einem Sieg interessiert sind. Man darf nur das von ihnen verlangen, was sie geben wollen und können.

Wenn Sie mit mehreren Hunden am Schlittenhundesport teilnehmen, dann brauchen Sie auch entsprechend mehr zeitlichen und finanziellen Aufwand für Ihre Tiere und das auch, wenn sie aus alters- und sonstigen Gründen nicht mehr an Rennen teilnehmen können. Das ist ein ganz wichtiger Punkt, den man schon vorher bedenken sollte.

Die Ausrüstung für Schlittenhunderennen

Der finanzielle Aufwand für die technische Ausrüstung bei diesem Sport ist nicht unerheblich. Ebenso muß man bedenken, daß auch für die Pflege und technische Wartung der wertvollen Ausrüstung wiederum genügend Zeit zur Verfügung stehen muß.

Diese Huskys warten schon begierig darauf, endlich das Startzeichen zu hören. Das Bild zeigt deutlich den überschäumenden Vorwärtsdrang der Huskys.

KENT & DONNA DANNEN

Sobald der Schlitten in Fahrt gekommen ist, werden die Huskys schneller und schneller, sie steigern sich geradezu in einen Rausch am rasanten Lauf.

Ein weiterer Punkt: Sowohl der Schlitten und die dazugehörigen Utensilien, als vor allem auch die Hunde müssen zum jeweiligen Veranstaltungsort gebracht werden. Eventuelle Übernachtungsmöglichkeiten für Mensch und Hund müssen organisiert werden. Lediglich bei Pferdesport-Veranstaltungen gibt es einen vergleichbaren Aufwand.

Nur wenn alle hier angesprochenen Punkte keine Schwierigkeit für Sie bedeuten, können Sie guten Mutes das Training zu diesem faszinierendem Sport im Schnee hinter den Hunden beginnen.
In der Stadt kann man natürlich Schlittenhunde nicht trainieren, man muß dazu eine passende Strecke in der offenen Landschaft

finden, wo man, ohne bei Spaziergängern oder Radfahrern Anstoß zu erregen seinen Hund oder seine Hunde hinter dem Schlitten oder Wagen bewegen kann. Auch muß man sich auf Begegnungen mit anderen Hunden gefaßt machen. Wohl dem, der bei einem solchen Zusammentreffen alles unter Kontrolle hat! Es kann durchaus sein, daß Sie über eine gewisse Wegstrecke „Besitzer “eines Zusatzhundes sind. Eine harte Prüfung für Ihre Huskys!
Auch um in Ihr Trainingsgelände zu kommen, werden Sie Wagen oder Schlitten und Hunde dorthin transportieren müssen, falls Sie nicht in einer ländlichen Gegend wohnen.

Andere Hundesportarten

Die Zugehörigkeit zu einem Hundesportverein ist auch bei anderen Hundesportarten wichtig. Achten Sie aber darauf, daß der Verein dem VDH (Verband für das Deutsche Hundewesen) angeschlossen ist. Hund und Hundehalter können zunächst dort die notwendige Grundausbildung erhalten, ehe sie sich gezielt auf Wettbewerbe vorbereiten oder auf eine Zuchtschau. Denn anders als bei den Schlittenhunderennen, bei denen ja jeder Hund angeschirrt ist, laufen die Hunde bei den anderen Hundesportarten frei, sie müssen also absolut gehorsam sein und sich auf Ihren menschlichen Partner konzentrieren. Ein hoher Anspruch, sofern er an einen Husky gestellt wird!
Wer sich vom Welpenalter seines Hundes an immer viel Zeit genommen hat, mit seinem Husky zu spielen und spielerisch Gehorsam zu üben, der ist seinen Zielen im Hundesport schon ein gutes Stück näher gekommen.
Zunächst ist es sicher sinnvoll, wenn Sie mit Ihrem Husky an einem Trainingsprogramm für Begleithunde teilnehmen, um Ihrer beider Partnerschaft zu festigen. Außer der Grundausbildung

Ein Gespann Siberian Huskys in voller Pace bei einem Rennen in Granby, Colorado.

Kent & Donna Dannen

Kent & Donna Dannen

Ein Gespann von Huskys während eines Rennens vor einer wunderschönen Landschaftskulisse.

lernt Ihr Hund dabei auch sicheres Verhalten im Straßenverkehr und in der Öffentlichkeit. Das Gelernte kann dann bei den verschiedenen Hundesportdisziplinen wie Gehorsamsprüfungen, Hindernisläufe, Slalomläufe und Hürdenläufe sowie Geländeläufe über Distanzen ab 2000 Meter hilfreich sein.

Agility

Eine verhältnismäßig neue Hundesportart gewinnt zunehmend neue Freunde: Agility. Dabei muß ein Parcours von zwölf bis 20 Hindernissen durchlaufen werden. Aufgebaut werden Sprünge, Wassergraben, Wippen, Wände, Tunnelröhren oder -schläuche usw. Diese fröhliche Sportart erfordert Geschicklichkeit von Herr und Hund sowie absoluten Gehorsam, man kann wohl kaum von einem typischen „Husky-Sport" sprechen. Bei Agility wird nicht nur die Zeit gewertet, sondern auch die Manier, in denen der Hund die Hindernisbahn bewältigt. Ein gutes Zusammenspiel zwischen Hund und Mensch ist nötig.

Dieser gut ausgebildete Husky ist ein wirklich guter Darsteller. Hier demonstriert er bei einer Veranstaltung seine Kunststückchen.

PHOTO BY KENT & DONNA DANNEN

Lernen Sie das Verhalten Ihres Siberian Huskys zu verstehen

Sie sind der Besitzer eines Siberian Huskys und haben nun einen Begleiter, einen Freund und ein vierbeiniges Familienmitglied. Sie wenden viel Zeit, viel Mühe und Geld für seine Pflege und Ausbildung auf. Natürlich benimmt sich Ihr auserwählter Husky perfekt! Richtig – eben perfekt wie ein Hund.

Lernen Sie, wie ein Hund zu denken

Hunde können nicht wie Menschen denken und Menschen denken anders als Hunde. Leider können Hunde die Gedanken von Menschen nicht erraten, also muß ein Hundebesitzer sich die Gedankenwelt seines Hundes zu eigen machen. Hunde können nicht rational denken und sie leben nur im Jetzt. Manche Hundebesitzer machen bei der Erziehung ihres Hundes den Fehler, ihn für etwas zu tadeln, daß er einige Zeit zuvor getan hat. Aber man kann ihn nicht einmal tadeln für etwas, das er 20 Sekunden zuvor tat! Entweder müssen Sie ihn auf frischer Tat ertappen oder das Ganze vergessen. Ihr Hund wird sich immer für das getadelt fühlen, was er gerade zu der Zeit tut.

Die nachfolgend beschriebenen Probleme im Verhalten Ihres Huskys sind nur einige von den Schwierigkeiten, mit denen Sie sich auseinandersetzen müssen. Kein Autor wird behaupten, daß er Ihre Probleme einzig dadurch beseitigen kann, daß Sie sein Buch lesen. Es sollen hier nur einige Grundkenntnisse für die Hundesprache skizziert werden, als Hilfe, Ihre Probleme bei der Erzie-

Welpen lernen die Regeln des Rudels durch das tägliche Miteinander und durch Spiele.

hung Ihres Huskys leichter lösen zu können. Starke Verhaltensstörungen müssen Sie allerdings mit Ihrem Tierarzt oder mit einen Hundetherapeuten besprechen. Da Verhaltensstörungen die

Wußten Sie schon?
Jeder Hund hat eine angeborene Rudelführer-Mentalität. Er möchte instinktiv die Oberhand haben. Sie müssen ihm klar machen, daß SIE der Boß sind! Er muß nach Ihren Regeln zu leben lernen. Dabei darf aber nicht vergessen werden, wie ein Husky zu halten ist.

Hauptursache sind, weshalb sich Besitzer wieder von ihren Welpen trennen, werden Sie hoffentlich alles versuchen, um die Probleme mit Ihrem Welpen zu lösen. Geduld und Verständnis sind die Zeugnisse Ihrer Liebe zu Ihrem jungen und später älteren Hund.

Aggressivität

Aggressive Hunde sind ein Problem. Wenn ihre Aggressivität nicht unter Kontrolle gehalten werden kann, dann können sie gefährlich sein. Ein aggressiver Hund, egal wie groß er ist, kann Menschen oder andere Hunde anspringen, beißen oder über sie herfallen. Aggressives Verhalten darf nicht geduldet werden, denn es ist mehr als ein unentschuldbares Verhalten, es gefährdet die Sicherheit.

Für den Besitzer ist es immer schwer, wenn er erkennt, daß sein Hund bis zu dem Punkt unberechenbar wird, daß er vor ihm Angst hat. Nicht jedes aggressive Verhalten ist gefährlich, aber beänstigend, wie zum Beispiel Knurren, Zähnefletschen usw. Es ist wichtig, den Grund für sein Verhalten zu finden.

Aggression ist eine Art Zur-Schau-Stellen seiner Dominanz, die er in ihrer Familie oder bei Ihnen keinesfalls haben darf.

Aggression hat vielerlei Ursachen. Die Dominanz ist nur eine davon. Es ist wichtig, einen aggressiven Hund nie herauszufordern, weil man damit leicht eine Attacke provoziert. Beobachten Sie vor allem seine Körpersprache. Huskys wissen genau, wie sie ihre Haltung durch Körpersprache

PHOTO BY KENT & DONNA DANNEN

In einem Team von Schlittenhunden darf aggressives Verhalten nicht geduldet werden. Schlittenhunde müssen absolut zuverlässig sein.

Heulen ist beim Husky ein Zeichen von Aggressivität.

ausdrücken können. Starrt er Sie vielleicht an? Macht er sich groß, stellt die Ohren auf, reckt Brust und Rute? Größe signalisiert in einem Hunderudel Autorität: größer sein als der Andere oder „über" dem Anderen zu sein. Ein aggressiver Hund ist unberechenbar, Sie wissen nie, wann er verweigert und was er tun wird. Man weiß auch nicht, warum er in einer Minute verspielt und freundlich ist und in der nächsten Minute knurrt und schnappt.
In schwierigen Fällen ist es am besten, Sie suchen einen Verhaltenstherapeuten für Hunde auf, womöglich einen, der Erfahrung mit Huskys hat. Vielleicht finden Sie mit seiner Hilfe die Ursache der Aggression und können etwas dagegen tun.
Einem aggressivem Hund kann man nicht trauen. Es ist schwierig, mit ihm zu leben. Vielleicht müssen Sie ihn sogar weggeben, im schlimmsten Fall auch einschläfern lassen.

Achten Sie drauf!
Wenn Sie möchten, daß Ihr Hund ruhigbleibt, dann dürfen Sie nicht schreien oder in irgendeiner Form Ihre Aufregung zeigen.
Das Verhalten Ihres Huskys wird sich meistens nach Ihrem Verhalten richten. Wenn Sie einen Besucher freundlich begrüßen, wird er es auch tun.

Ob dieser Welpe eines Tages der Rudelführer sein wird?

Aggressivität gegen andere Hunde

Ein Hund, der gegen andere Hunde ein aggressives Verhalten zeigt, hat oft als Welpe oder Junghund zu wenig Kontakt zu anderen Hunden gehabt.
Wenn andere Hunde Ihren Husky nervös und unruhig machen, dann kann er angriffslustig werden, nur um sich selbst zu schützen. Ein Hund, der keinen Kontakt zu anderen Hunden hat, neigt zu der Annahme, er sei der einzige Hund auf Erden. Er wird so

Achten Sie drauf!
Hunde möchten sich kennenlernen, indem sie sich unter anderm hinten beriechen. Aber manchmal mögen sie solche Belästigung auch nicht und schnappen. Wenn zwei Hunde aufeinander treffen, dann möchten beide gleich der „Boß" sein und es kann zu einem Konkurrenzkampf kommen. Dann müssen die Beiden sofort getrennt werden.

dominant gegen seinesgleichen, daß er kaum Zeichen von Furcht oder Aufregung zeigt. Ohne vorherige Warnzeichen wie Knurren

Das Spielen der Welpen fördert ihre Geschicklichkeit für spätere Anforderungen.

usw. wird er den Artgenossen anspringen und beißen. Wenn Sie mit Ihrem Husky an der Leine gehen, sollten Sie aufpassen, daß er nie mit einem anderen angeleinten Hund zusammenkommt. Die Hunde müssen sich auf neutralem Boden und ohne Leine kennenlernen. Bei den ersten Anzeichen von Aggressivität ziehen Sie Ihren Hund sofort weg.

Aggressive Dominanz

In einem Rudel von Wildhunden besteht immer eine soziale Hierarchie. Ein Hund will über die Hunde herrschen, die in der Rangordnung unter ihm sind, sind dem Rudelführer unterwürfig. Dasselbe wird er auch bei Ihnen versuchen und er möchte, daß Sie sich ihm unterordnen. Das darf nie passieren. Sie müssen immer die Oberhand behalten.

Wenn Sie nicht der offensichtliche Herrscher im Haus sind, dann wird ihr Hund den Thron besteigen! Diesen angeborenen und konfliktgeladenen Wünschen Ihres Hundes müssen Sie entgegentreten, wenn Sie mit seiner Erziehung beginnen. Wenn Ihr Hund Ihre Kommandos beachten soll, dann müssen Sie ihm deutlich machen, daß SIE der „Leithund" sind und daß er Ihnen unterstellt ist. Nur so

Wußten Sie schon?
Wenn ein aggressiver Hund auf Sie zukommt, bleiben Sie stehen, laufen Sie nicht weg. Schauen Sie ihm nicht in die Augen. Wenn Sie etwas in der Hand halten, werfen Sie es seitwärts weg, um seine Aufmerksamkeit auf das von Ihnen weggeworfene Utensil zu lenken. Der Hund merkt genau, daß Sie Angst haben.

kann er seine Dominanzgefühle beherrschen, sein Verhalten anpassen und gehorchen.
Es ist ganz wichtig, daß Sie ihm bei jeder Gelegenheit zeigen, daß Sie bestimmen. Die einfache Übung, daß der Hund sitzenbleiben muß, bis Sie ihm erlauben, zu seinem Freßnapf zu gehen, macht ihm deutlich, daß er von Ihnen mit seinem Futter abhängig ist.
Geben Sie nicht nach, so viel er auch winselt und Sie mit seinen Augen anbettelt. Ihr Hund muß auch ein und für allemal akzeptieren, daß sein Platz auf dem Boden ist. Das ist nicht hartherzig. Sie lieben Ihren Husky und würden alles für ihn tun, was notwendig ist, aber Sie wollen auch nicht, daß er über Sie herrscht. Hundeerziehung ist weder grausam, noch wollen Sie sich damit wichtig machen, sondern sie hält Ihren Hund in akzeptablen Grenzen und bringt ihm die Regeln bei, die für sein Zusammenleben mit Ihnen und Ihrer Familie wichtig sind. Theoretisch ist das ganz einfach: Bringen Sie Ihrem Husky gutes Verhalten bei und belohnen Sie ihn dafür.

Achten Sie drauf!
Vorsicht! Wenn Ihnen und Ihrem angeleinten Husky ein größerer freilaufender Hund hinterherrennt, dann ignorieren Sie diesen und gehen in die andere Richtung. Ihr Hund darf sich nicht umdrehen und auch Sie sollten Augenkontakt mit dem anderen Hund vermeiden. Augenkontakt kann für Ihren Husky eine Herausforderung bedeuten.

Wußten Sie schon?
Aggression ist bei Hunden ein sehr ernstes Problem. Überantworten Sie einen aggressiven Hund nie einem Fremden. Er wird diesem gegenüber seine Dominanz nicht infrage gestellt sehen.

PHOTO BY KENT & DONNA DANNEN

Huskys brauchen viel Beschäftigung durch Bewegung.

Achten Sie drauf!

Ein Hund beißt selten ohne Grund. Schutzhunde sind dafür ausgebildet, eine Person, ein Objekt oder ein Areal zu bewachen und zu verteidigen. Muß er einen Angriff befürchten, dann wird er attackieren.

Ein Hund kann sich nur durch Beißen verteidigen.

Wenn ein Hund ohne Grund in die Hand beißt, die ihm Futter reicht oder wenn er nach Familienmitgliedern schnappt, dann sprechen Sie sobald wie möglich mit Ihrem Tierarzt darüber wie Sie das Verhalten Ihres Huskys ändern können. Oft ist ein solches Verhalten ein Fehler in der Haltung des Hundes. Jedes Tier muß artgerecht gehalten werden und wenn dies nicht der Fall ist, wird sich das Tier auf seine Weise wehren.

Ein Hund kann aggressiv werden. Ein Husky darf nicht als „Schmusehund" für Kinder angesehen werden. Er ist ein Vollblutarbeitstier und braucht viel Bewegung. Denken Sie darüber nach, bevor Sie sich für einen Husky entscheiden.

Wenn Ihr Siberian Husky dominant ist, dann können Bestrafung und zuviel Härte das Gegenteil von dem bewirken, was Sie sich von ihm wünschen. Er könnte sich dann vor Ihnen fürchten oder aggressiv werden, wenn er sich herausgefordert fühlt. Ein dominanter Hund will seinen Platz an der Spitze seines Rudels (Ihrer Familie) behaupten. Das können Sie am besten dadurch vermeiden, daß Sie ihm nie die Gelegenheit geben, sich an der Spitze zu fühlen!

Wenn Sie Schwierigkeiten bei der Erziehung Ihres Huskys haben, dann sollten Sie mit ihm zu einer Hundeschule oder zu einem Verhaltenstherapeuten gehen. Dort lernen Sie, wie Sie mit ihm sowohl zu Hause als auch in der Öffentlichkeit umgehen müssen. Meiden Sie Hundetrainer, die scharfe Erziehungsmethoden anwenden. Etwas Tadel ist hin und wieder nötig, aber im Mittelpunkt Ihrer Erziehung muß immer ein positiver Einfluß auf Ihren Husky stehen.

Wenn Sie herausgefunden haben, was Ihren Husky furchtsam macht, dann können Sie ihm auch helfen, darüber hinwegzukommen. Überwachen Sie seinen Umgang mit Menschen und Artgenossen und loben Sie ihn, wenn er sich anständig verhält. Wenn er in irgendeiner Situation wieder aggressiv werden will, dann weisen Sie ihn zurecht und gehen Sie mit ihm der Situation aus dem Weg. Lassen Sie niemand zu nahe an ihn heran und lassen Sie ihn nicht ohne Ihre ausdrückliche Erlaubnis streicheln. In diesem Fall lassen Sie ihn sitzen und wenn er das Streicheln ruhig akzeptiert, dann loben Sie ihn. Haben Sie immer ein Lob parat für alles was er gut macht und beloh-

PHOTO KENT & DONNA DANNEN

Schlittenhunde werden meist für kurze Zeit in Boxen gehalten, ehe sie an den Start gehen. Sie sind das gewöhnt und fürchten sich nicht davor.

nen Sie ihn, wenn er gehorsam ist. Wenn Sie immer freundlich zu ihm sind und sein Verhalten überwachen, dann wird er spüren, daß er keine Angst haben muß und daß er sich nicht verteidigen muß.

Das Sexualverhalten Ihres Siberian Huskys

Hunde zeigen ein spezifisches Sexualverhalten, das bei Ihrer Wahl – Rüde oder Hündin – eine Rolle gespielt hat. Eine Kastration behebt zwar die sexuellen Eigentümlichkeiten, aber dafür können Sie mit dem kastrierten Hund auch nicht mehr züchten. Hündinnen werden etwa zweimal im Jahr für die Dauer von drei Wochen läufig. Nur während dieser Zeit kann die Hündin gedeckt

Wußten Sie schon?

Ein ängstlicher Hund ist oft das Resultat einer mangelnden Sozialisierung im Welpenalter oder kann auch von einem traumatischen Erlebnis in seiner Jugend geprägt sein. „Traumatisch“ ist ein relativer Begriff: Etwas, was bei Ihnen noch wenig Eindruck macht, kann zu einem negativen Erlebnis für Ihren Husky werden, an das er sich immer wieder erinnert. Wenn er sich später einer ähnlichen Situation gegenüber sieht, wird er vielleicht angreifen, um sich zu schützen. Wenn Sie nicht wissen, weshalb er sich fürchtet, dann können Sie sein Verhalten nicht verstehen.

Junge Hunde wollen und müssen nagen. Geben Sie ihm nur Dinge zum Benagen, an denen er sich nicht verletzen kann.

Nagen

Junge Hunde vertreiben sich für gewöhnlich die Zeit mit dem Benagen von harten Gegenständen, natürlich am liebsten von Knochen. Manchmal gehört dieser Knochen zur Hand seines Besitzers! Das Nagen massiert den Gaumen, stärkt den Kiefer und hilft bei der Zahnbildung.
Das Bedürfnis zum Nagen ist ganz natürlich und den Hunden ange-

werden. Sie ist dazu etwa ab der zweiten Woche bereit. Auch wenn die Hündin während ihrer Hitze nicht gedeckt wurde oder nicht aufgenommen hat, kann sie Zeichen ein Schwangerschaft zeigen. Ihre Milchdrüsen schwellen an und sie verhält sich wie eine Mutterhündin gegenüber ihren Spielsachen oder anderen Gegenständen. Versuchen Sie dann, Ihre Hündin so gut wie möglich abzulenken und verschaffen Sie ihr viel Bewegung. Das „Aufreiten" von Rüden ist weniger ein Sexual- sondern eher ein Dominanzverhalten. Verbieten Sie das Ihrem Rüden beharrlich!

Achten Sie drauf!

Es gibt Rüden, die einen so starken Geschlechtstrieb haben, daß sie aus diesem Grunde an Menschen oder Gegenständen aufreiten. Auch dies ist ein Ausdruck der Dominanz, da in der Natur der rangniedere Rüde es niemals wagen dürfte, in Gegenwart des Rudelführers seinem Geschlechtstrieb nachzugehen. Unterbinden Sie dieses Verhalten ebenso energisch und suchen Sie mit Ihrem Hund einen guten Ausbilder auf, der Ihnen hilft, Ihre dominante Position dem Hund gegenüber klar und eindeutig herauszuarbeiten. Eine weitere Methode zur Unterbindung dieses Verhaltens ist die Kastration des Rüden und der Hündin. Sie müssen sich dann aber darüber im Klaren sein, daß der Hund damit nicht mehr zur Zucht zu verwenden ist.

boren. Sie als Besitzer müssen ihm das Nagen nicht verbieten, sondern nur dafür sorgen, daß er nicht an den falschen Objekten sein Werk verrichtet.
Geben Sie Ihrem Hund keine Knochen zum Nagen! Knochen können splittern und Verletzungen verursachen. Sie können auch zu Verstopfung führen. Ein ausrangierter Schuh (ohne Metallteile) oder Hartholz, das nicht fasert, sind zum Nagen geeigneter. Selbstverständlich können Sie auch entsprechendes geeignetes Nagespielzeug im Handel kaufen.
Ihre Wohnung sollten Sie während des Nagealters Ihres Huskys nach Gegenständen „durchforsten", die er sich zum Nagen aneignen könnte, zum Beispiel Handtaschen oder Schuhe. Bringen Sie alles „Benagbare" aus seiner Reichweite! Wenn er älter geworden ist, läßt der Drang zum Nagen allmählich nach.

Wußten Sie schon?
Bestrafung ist selten nötig, wenn ein Hund sich falsch verhält. Vielleicht liegt es nur an einer unzureichenden oder falschen Erziehung, er weiß nicht, was man von ihm erwartet. Alles, was man dann tun kann, ist Üben! Strafe ist eine negative Erfahrung für Ihren Husky und schadet mehr als sie nützt.

Wußten Sie schon?
Wenn Ihr Hund Sie anspringen will, weichen Sie ihm aus oder heben Sie ein Knie, damit er abgewehrt wird. Aber stoßen Sie nicht mit Kraft zu, tun Sie ihm nicht weh. Er soll nur lernen, daß Sie diese Form der Begrüßung ablehnen, bleiben Sie konsequent! Denn nur so wird Ihr Hund lernen, daß er Ihren Wünschen gehorchen muß.

Hochspringen

Wenn Ihr Hund an Ihnen oder einer anderen Person hochspringt, dann will er Sie sozusagen mit einem fröhlichen „Hallo"! begrüßen. Manche Hundebesitzer stört es

Hunde springen Menschen aus Wiedersehensfreude oder zur stürmischen Begrüßung an.

nicht, wenn Ihr Hund an Ihnen hochspringt. Erst wenn andere Personen von ihm in der gleichen Weise begrüßt werden, kann es ärgerlich werden. Manche mögen es eben nicht, wenn sie 20 bis 25 kg Siberian Husky standhalten müs-

Wußten Sie schon?
Hunde, die eine mehr oder weniger lange Zeit alleingelassen wurden, reagieren oft wie verrückt, wenn Sie zurückkehren. Manche rennen wild umher, manche springen Sie an oder packen irgendetwas und tragen es herum, manche machen sogar Pfützchen. Wenn Ihr Husky sich so benimmt, dann beachten Sie ihn zunächst nicht und begrüßen Sie ihn erst, wenn er sich beruhigt hat.

sen, sei die Begrüßung auch noch so freundlich gemeint. Der Hund kann aber nicht unterscheiden, wen er anspringen darf und wen nicht, deshalb ist es besser, wenn Sie es ihm von vornherein verbieten.
Sagen Sie ihm „runter!“ oder „ab!“, wenn er Sie anspringt. Lassen Sie ihn „sitzen“ und loben Sie ihn dann. Bei jeder Begrüßung soll er sofort sitzen und wird dann von Ihnen ausgiebig gelobt. Auch so kann die Begrüßung für ihn zu einem freudigen Erlebnis werden.

Graben

Daß Hunde, besonders auch Huskys den Drang haben zu graben, ist ganz natürlich, wenn es auch ärgerlich für den Besitzer sein kann, vor allem dann, wenn Ihr Husky Ihren Garten nach seinen Vorstellungen umgräbt. Vererbtes Verhalten seiner einst wilden Vorfahren, die ihre Nahrungsvorräte vergraben mußten oder Höhlen zum Ruhen, sind der Grund, oder aber der Geruch von Wühlmäusen oder anderen Erdtieren zieht in magisch an. Außerdem hat auch ein Hund, wie jedes Lebewesen, einen gewissen Betätigungsdrang und dieser äußert sich unter anderem auch durch Graben. Verschaffen Sie ihm so viel wie möglich Abwechslung und Bewegung, um seinen Tatendrang etwas zu reduzieren.
Das Graben nach Mäusen kann eine unangenehme Nebenerscheinung haben: Die Höhlengänge der Mäuse und deren Nester sind voll von Milben! Die Milben können die Gehörgänge oder die Augen Ihres Huskys infizieren. Einer Milbeninfektion ist nur schwer beizukommen. Der Tierarzt muß helfen!
Um zu vermeiden, daß Ihre Tulpen, Rosen, Ihr Gemüse oder andere geliebte Pflanzen seinem Tatendrang zum Opfer fallen, hilft nur ständige Beobachtung ihres hart ar-

Achten Sie drauf!
Wenn Ihr Hund bellt oder knurrt gegenüber Fremden, oder er knurrt, sobald jemand seinem Futter zu nahe kommt oder seinem Spielzeug, oder wenn jemand in die Nähe seines Lieblingsplatzes kommt, versuchen Sie sofort und konsequent dieses Drohgehabe zu unterbinden. Denn das Drohen könnte auch zum Beißen werden.

beitenden Huskys. Sowie Sie ihn bei der Arbeit ertappen, muß ihm ein deutliches „Nein!“ zeigen, daß man seine Tätigkeit an diesem Platz nicht wünscht. Wenn Sie ihm kein Revier zum Graben zur Verfügung stellen können, so muß er durch dieses ständige „Nein!“ lernen, daß Graben in Ihrem Garten nicht erlaubt ist. Das erfordert über längere Zeit viel Geduld, führt aber letztendlich zum Erfolg. Ihr Hund bekommt Respekt vor Ihrem Garten! In schwierigen Fällen werfen Sie ein kleines Steinchen nach ihm, wenn er dabei ist, zu graben. Der kleine Schreck wird in Verbindung dazu gebracht und er wird vermeiden wollen, daß sich der Schreck wiederholt.

Wenn Sie mehrere Hund haben, müssen alle gut erzogen sein und sich miteinander vertragen.

Achten Sie drauf!

Menschen und Hunde sind wohl die einzigen Lebewesen, die lächeln können. Wahrscheinlich lächelt ein Hund, weil er das Lächeln seines Herrchens auf dessen Gesicht versteht und nachmachen will. Ein Hund lächelt nur seinen Herrn oder dessen Freunde an, gewiß nicht einen anderen Hund. Das Hundelächeln ist durch hochgezogene Lefzen und Zähnezeigen bei angelegten Ohren gut zu erkennen.

Bellen

Was würden uns unsere Hunde nicht alles sagen, wenn sie sprechen könnten! Aber der Hund kann nur bellen oder heulen. Der Husky macht sich meist nur durch Heulen bemerkbar. Und was immer er uns durch sein Heulen mitteilen will – bestrafen Sie ihn nicht dafür! Nur wenn das Heulen Ihres Siberian Huskys zur Gewohnheit wird, fast zum Dauerzustand, dann müssen Sie versuchen es zu unterbinden. Es genügt oft, wenn sie ihn von draußen hereinholen, er weiß genau, daß ihm dann nicht mehr die „ganze Welt“ hört.

Ihr Hund hört das leiseste Geräusch, Sie können ruhig schlafen. Wenn er aber mit aufgeregtem Geheule auf die Türglocke reagiert, dann finden Sie seine Aufmerksamkeit weniger erfreulich,

Achten Sie drauf!
Sie können versuchen, das Bellen Ihres Hundes in erträgliche Bahnen zu lenken. Wenn jemand an der Tür ist und der Hund bellt ein paarmal, dann loben Sie ihn. Wenn er aufhört zu bellen, sagen Sie „Ruhig" und streicheln und loben ihn weiter. Auf diese Weise lassen Sie ihn zur Warnung zwar bellen (ein instinktives Verhalten) und belohnen ihn dann dafür, daß er nun ruhig ist. Zur Verstärkung des Ganzen können Sie ihm auch etwas Gutes geben, wenn er ruhig bleibt.

die Ohren tun ihm weh! Aber es ist die gleiche Reaktion auf ein Geräusch, das bedeutet: „Irgend jemand ist draußen, ich muß aufpassen, ich muß warnen." Auch wenn es ein Freund ist, Ihr Hund sagt zu Ihnen: „Hast Du gehört, es kommt jemand". Das ist ein angeborenes Verhalten und sollte nicht verhindert oder gar bestraft werden.
Wenn Ihr Hund unausgesetzt bellt und heult, wenn er alleine gelassen wird, dann liegt es vielleicht daran, daß es keine Selbstverständlichkeit für ihn ist. Durch übertriebenes Abschiednehmen und Trösten und ebenso überschwengliche Wiedersehensfreude Ihrerseits machen Sie ihn darauf aufmerksam, daß es nicht selbstverständlich war, daß er alleine blieb. Versuchen Sie nicht, Ihren Husky mit einem Belohnungshäppchen zu stoppen, wenn er andauernd bellt. Er empfindet die Belohnung als Aufforderung weiterzubellen
„Berufsbeller" zeigen ihre Veranlagung dazu schon in frühem Alter. Ein Trost: Huskys gehören nur selten zu dieser Spezies.

Futterdiebstahl
Stiehlt Ihr Husky vom Tisch? Wenn ja, dann stellen sich zwei Fragen: Hatte er gerade mal Appetit oder gehört er zu den freßgierigen Hunden? Es gibt Hunde, die schon beim Fressen an die nächste Mahlzeit denken und an fast nichts anderes denken als ans Fressen. Futter stehlen ist phantastisch, man kann fressen, herrlich fressen!
Sie haben die Möglichkeit, Ihrem diebischem Hund den Spaß zu verderben: Füllen Sie in einen

Wußten Sie schon?
Wenn Ihr Hund bellt, will er „sein" Haus oder Sie beschützen, wenn jemand oder etwas sich in der Nähe des Hauses bewegt. Wenn der von ihm vermutete Eindringling weggegangen ist, dann ist er vor dem Gebell „geflohen" – so denkt Ihr Hund und ist mit sich zufrieden.

Kent & Donna Dannen

Dieser Siberian Husky heult vor Erwartung, daß das Schlittenrennen endlich beginnen soll.

Behälter aus Metall ein paar Münzen und stellen Sie den Behälter so an den Tischrand, daß er von Ihrem Hund heruntergestoßen wird, wenn er an das Diebesgut dahinter gelangen will. Das Gescheppер wird den „Kriminellen" in die Flucht schlagen. Das wäre eine Möglichkeit. Die andere Möglichkeit wäre: Lassen Sie nichts Freßbares auf dem Tisch liegen!

Aus Freßsucht, aber auch aus Neugier könnte Ihr Hund stehlen, nicht nur Freßbares, sondern auch alle möglichen Dinge in ihrem Haus. Man muß ihm das so früh wie möglich abgewöhnen.

Betteln

Ebenso wie das Stehlen können sich hungrige Junghunde und Welpen leicht das Betteln abgewöhnen mit den gleichen Hintergedanken: Fressen! Die Unart Betteln kann durch Küchengeräusche stimuliert werden, mehr noch durch die Düfte beim Kochen, die ihn erregen – und schon spult er alles an Bettelkünsten ab, was er drauf hat:
Pfoten in der Luft, Sitzen mit einer winkenden Pfote, Schubsen, Hochspringen, Winseln und Bellen. Wenn Sie sein Betteln standhaft ignorieren, werden Sie (vielleicht!) erreichen, daß seine zu Herzen gehenden Darstellungskünste nach und nach aufhören. Dann darf in Ihrer Familie und unter Freunden und Besuchern auch nicht ein einziger „Softie" sein, der dem Hund heimlich nachgiebt.

Trennungsängste

Es ist möglich, daß Ihr Husky heult, winselt oder andere Tonkünste darbietet, wenn Sie ihn alleine lassen. Auch da können Sie einiges tun, um das Problem zu lösen. Ihr Hund muß lernen, daß es auch für eine Weile gut sein kann, wenn er alleine ist und daß das nicht bedeutet, daß Sie sich nicht mehr um ihn kümmern wollen. Aber es ist falsch, wenn Sie jede Minute des Tages um ihn sind und ihn ständig bemuttern, streicheln und beschmusen. Er wird sich daran gewöhnen und kann keine Minute mehr ohne Sie sein.
Natürlich lieben Sie Ihren Siberian Husky und möchten auch gern viel mit ihm zusammensein und auch er genießt Ihre Liebe und

Fürsorge. Aber das darf nicht in Abhängigkeit ausarten, Ihre zeitweilige Abwesenheit darf ihm nicht das Herz brechen.
Machen Sie nicht jedes Weggehen zu einer Abschiedszeremonie! Und nicht jede Heimkehr zu einem Wiedersehensfest mit „in den Arm nehmen" und Küssen und lautstarkem Trost. Damit erhält er die Aufmerksamkeit, die er verlangt und sein Jammer wird jedesmal größer, wenn Sie weggehen. Vielleicht können Sie ihm etwas zu spielen geben, das lenkt ihn etwas ab und Ihr Weggehen verbindet sich dann mit etwas angenehmen.

PHOTO BY KENT & DONNA DANNEN

Zwei gut erzogene Huskys warten in ihren Boxen auf den Beginn des Schlittenhunderennens.

Lassen Sie anfangs Ihren Husky in regelmäßigen Abständen allein, nach Möglichkeit in seiner Box oder an einem sicheren Platz, an dem er keinen Schaden anrichten kann. Verlängern Sie nach und

Achten Sie drauf!
Viele Hunde leiden unter Trennungsangst, weil ihre Besitzer berufstätig sind und es nicht merken, wenn ihre Hunde ihre Verzweiflung entsprechend äußern. Man muß sich überlegen, ob man es einem Hund zumuten kann, sein Leben über viele Stunden in Einsamkeit zu verbringen, ober ob berufstätige Menschen nicht besser auf einen Hund verzichten sollten. Ganz abgesehen davon, da der Hund während dieser langen Zeit in große Not kommen kann, wenn er keine Gelegenheit hat, sich draußen zu erleichtern.

nach die Zeit seines Alleinseins, so kann er sich langsam an diese Situation gewöhnen. Sie müssen vermeiden, sich den ganzen Tag über um ihn zu kümmern, und sei es auch nur, indem Sie ihn immer um sich haben.

Kotfressen

Wenn ein junger Hund seinen oder den Kot eines anderen Hundes frißt, dann ist dieses Verhalten für uns Menschen abstoßend, für den Hund kann es durchaus normal sein. Es können zum Beispiel notwendige Bestandteile in seiner Nahrung fehlen, er könnte ganz einfach nur hungrig sein oder er findet den Geruch appetitanregend. Veterinäre fanden heraus, daß Futter mit geringem Rohfasergehalt aber viel Stärke die Ursache für das Kotfressen sein können. Gut verträgliches Futter mit genügend Ballaststoffen ist deshalb wichtig. Es gibt Hunde, auch ältere, die Pferdeäpfel als besondere Delikatesse ansehen. Wenn der Hund allerdings Durchfallerscheinungen nach dem Kotfressen zeigt, so muß er spätestens ab dann davon abgehalten werden.

Um diese unappetitliche Neigung Ihres Huskys zu reduzieren, ist es zunächst wichtig, mit Ihrem Tierarzt darüber zu sprechen, um der Ursache auf den Grund zu gehen. Ehe man andere Gründe annimmt, sollte das Futter, wenn nötig mehrmals verändert werden, bis ein Erfolg eintritt. Außerdem sind Untersuchungen der Ausscheidung Ihres Hundes angebracht. Tadeln Sie Ihren Siberian Husky nicht, wenn Sie ihn beim Kotfressen ertappen, es würde ihn ohnehin nicht beeindrucken.

Das Kotfressen von Welpen und Junghunden verliert sich meist nach dem ersten Lebensjahr. Einige Hunde zeigen dieses Verhalten aber auch ihr ganzes Leben lang.

Siberian Husky – Ja oder Nein?

Liebe Hundefreunde, liebe Huskyfreunde, dies waren 154 Seiten für Sie nur über Siberian Huskys, deren rassespezifischen Eigen-

heiten und Ansprüche und deren speziellen Vorzüge. Es hätten doppelt oder dreimal soviele Seiten werden können, denn für jemand, der Huskys kennt und liebt, ist das Thema Siberian Husky nahezu unerschöpflich.
Dieses Buch war als kleiner Ratgeber für alle gedacht, die schon mit einem Husky glücklich sind, aber vor allem als eine Entscheidungshilfe bei der Frage: Siberian Husky – Ja oder Nein?. Ein „Jein“ darf es nicht sein, denn wenn der Welpe einmal da ist, der Ihr Freund sein will, der Ihnen vertraut, der aber auch voll und ganz auf Sie angewiesen ist, dann sollte das für sein ganzes Husky-Leben sein. Sie treffen eine verantwortungsvolle Entscheidung, die nicht nur Sie, sondern auch ein abhängiges Lebewesen betrifft, dieses Bewußtsein muß immer im Mittelpunkt Ihrer Überlegung stehen. Wenn Sie aufgrund dieses Buchs mit Nein entscheiden, dann war das Buch ebenso von Nutzen, denn es hat geholfen, Mensch und Hund vor einer Enttäuschung zu bewahren. Wenn dieses Buch aber über letzte Zweifel hinweg zu einem JA! geführt hat, dann, lieber Hundefreund: Herzlich willkommen in der Welt der Huskys und alle guten Wünsche für Sie und den besten aller Siberian Huskys, Ihren persönlichen Champion-Husky!
Es sollte an dieser Stelle nochmals darauf hingwiesen werden, daß der Husky kein typischer Familienhund ist. Der zukünftige Huskybesitzer muß sich über den „Verwendungszweck“ des Hundes im Klaren sein.

KENT & DONNA DANNEN

Ein Musher und seine sechs Hunde auf der Rennstrecke über einen zugefrorenen See vor einer Bergkulisse von 4.600 Metern Höhe.

INDEX

Mein Siberian Husky

Name des Hundes ______________________________

Datum ________________ Fotograf ______________________